不動産コンサルで稼ぐ！

中小業者のための
かんたん
ノウハウ＆事例集

石田正敏 著

住宅新報社

はじめに

仕事は楽しいですか？　会社の業績は順調ですか？

なかには「成績や年収がぐんぐん伸びて笑いがとまらない！」という営業マンもいることでしょう。「ウチは絶好調で、今度新たな支店を出す予定だ」という会社もあるかもしれません。

でも一方で、厳しい経済環境の中、思うように業績が伸びずに困っているという営業マンや会社も、少なくないのではないでしょうか？　私はそんな皆様にぜひ読んでいただきたいと思い、本書を執筆しました。

「不動産コンサルティング」という言葉を見て、難しそうだなと思われた方は、少し待ってください。決してそんなことはありません。

もちろんコンサルタントにとって、不動産に関する専門知識は必須です。でもそれは皆様が、日常業務の中ですでに身につけているはずのものばかりです。もし足りなければ、改めて勉強すればいいだけの話です。

そんなことよりも、不動産コンサルタントには欠くことができない資質が、一つだけあります。依頼者との間にきちんとした信頼関係を築くことができる力——人間力——とでも呼ぶべき能力です。

コンサルタントの仕事は、相手の話をじっくりと聞き、問題点を見極めるところから始まります。さらに、場合によっては依頼者と一緒に行動して信頼を深めつつ、具体的な解決方法を探り、提案していきます。こうしたコンサルティング能力は、一朝一夕で得られるものではありません。

でも心配は不要です。なぜならばこれは、ある程度の人生経験を積まれた方であれば、自然と身についているはずの力だからです。

つまり、不動産業者として培った知識と、人生経験で身についた「人間力」さえあれば、りっぱに「不動産コンサルタント」として活躍することができるのです。

多くの不動産仲介業者にとって、「不動産コンサルティング」は、新規事業として取り組むのにまさにうってつけだということが、おわかりいただけたでしょう。それにもかかわらず、これまでのところ実際に踏み出した業者は思ったほど多くありません。それはなぜなのでしょう？　答えは、多くの不動産業者にとって、

「依頼者の見つけ方や、具体的なコンサルティングの進め方」がわからないからにほかなりません。

私は、不動産仲介業に36年間従事した後、平成20年に独立。自らの不動産会社を経営し、現在にいたっています。その間、不動産仲介業務を生業としつつ、平成25年7月までに１５０件の不動産コンサルティングを手がけました。もちろんきちんと報酬もいただいています。現在の私の仕事の柱は、①不動産仲介業、②講演、執筆業、③不動産コンサルタント——の３つです。

この間の経験から知り得たノウハウや具体的な事例を、本書にたっぷりと注ぎ込みました。目的はただ一つ、お読みいただいた皆様に、本書を参考として不動産コンサルティングに取り組んでほしいからです。

なぜならば、不動産コンサルティングが浸透し、頻繁に行われるようになれば、わが国の不動産がよりよいものになっていくと信じて疑わないからです。そしてそれは、不動産業に携わる皆様の業績アップにもつながるはずです。

ぜひ、多くの方に本書をお読みいただき、そして「不動産コンサルティング」という可能性の海に漕ぎ出す一助としていただきたいと願っています。そして本書が、「不動産コンサルティング」の普及に少しでもお役に立てれば、これ以上の喜びはありません。

平成25年7月

不動産コンサルタント　石田正敏

目 次

第2編　不動産コンサルティングの実務

第3編　企画提案書の作成

第7編　不動産コンサルティングの実際

第10編　ある土地所有者からの相談

事例編

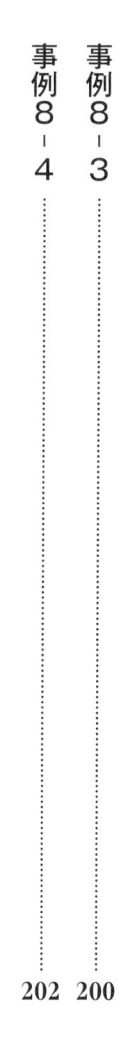

第1編

不動産コンサルティングは
これからの時代にうってつけ

1 建売事業につきものの資金問題

不況が続いています。不動産業界は、その影響をまともに受けています。多くの不動産業者は何らかの対策をとっていますが、それでもなかなか効果がみられないのが実情でしょう。

不動産仲介を本業としている会社が、不況対策としてまっさきに思いつくのは、建売事業に業務を拡張することではないでしょうか。仲介業者にとって、建売業者はとても身近な存在です。それだけに、すぐに取り組めるように錯覚しがちなのです。これまでは仲介の立場で契約に携わってきたけれども、それが売主の立場に変わるだけなのではないか――そんなふうに安易に考えてしまうのです。

しかしいざ取り組もうとすると、土地を購入する段階で、早くも大きな障害に突き当たります。資金の問題です。自己資金が潤沢であれば話は別ですが、通常は、金融機関からの借入れが必要です。そしてこれが、容易ではないのです。

知り合いの建売業者に話を聞いたところ、実際に、土地の購入資金について融資が受けられないことも少なくないといいます。仮に融資が受けられたとしても、追加担保として、保有不動産を差し入れるよう求められることもあるそうです。何とか土地の購入資金が段取りできたとして、今度はすぐに建築資金が必要になります。土地の購入資金以上に借入れは困難です。その借入れができて、ようやく建売の分譲事業に取りかかることができるのです。

資金の問題はさらに続きます。建売は、不動産仲介業と比較すると、確かに利益率の高い事業です。ただし、建築の着工から完成までに多くの時間を要します。すなわち、資金の回収に長い期間が必要なのです。これが建売事業の一番苦しいところです。それでも、新規事業が軌道に乗ればまだいいのですが、赤字が増えると、今度は本業を圧迫することにもなりかねません。

以上から、建売事業は、不況対策として取り組むのに相応しいとは言えません。資金問題がクリアできなければ、そもそも事業を開始することすら困難なのです。

それでは、不況対策として相応しいのはどのような事業なのでしょうか？

言うまでもなく、資金の心配がない事業です。そしてうってつけなのが、不動産コンサルティングなのです。不動産コンサルティングは、不動産業者として培った知識や経験が、そのまま資本となります。店の改装や、新たに店舗を借りたりして、お金を費やす必要もありません。

２ 建売事業の隠れたリスク

建売事業に話を戻しましょう。資金の問題がクリアできたとして、それだけで安心してはいられません。仲介業者にとって、建売業者は身近な存在とはいえ、業務内容は全く異なります。よく知っているようで、実態がわかってはいないのです。本を読んだり、経験者に聞いたりしても、すべてのリスクを把握することは難しいでしょう。

建売事業の最大のリスクは、売却が長期化し、その間に値下がりして、事業が赤字に転落することです。土地の仕入れから始まり、建築の着工から完成までに数カ月間かかるのが普通です。

さらに仲介業と比較して、関係者の数も多くなります。建築会社、設備会社、内装業者、外構業者など、様々な業者が関わってきます。彼らとの打合せや確認作業など、やらなければならない業務が格段に増えます。さらに販売業務や、官公庁での手続きもあります。それぞれ専門家やほかの業者に依頼するにしても、確認作業は必要ですし、業務が増える分リスクが高まるのは避けられません。経験が少ないために、知らない間に問題が大きくなってしまうこともあるでしょう。

一方で不動産コンサルティングに新規事業として取り組む場合、仲介業者にとって、決して経験がない事業ではありません。あくまでも、現在の事業の延長です。こうした点からも、新規事業としてのリスクが低いのはどちらなのか明らかでしょう。

3　知識よりも人間力が求められる

不動産に関連する業務には、仲介のほかに、建築、リフォーム、マンションや戸建ての分譲、土地の開発などといったものがあります。不動産業は間口が広く、奥行きも深い業界です。不動産コンサルティングの業務も同じです。業務範囲は広く、これまでに取り組んだことのない相談事例に遭遇することもあります。今後、一層の努力が欠かせませんし、専門家に協力してもらう必要も生じるでしょう。

ただし、不動産コンサルティングを行っていくうえで、不動産の知識や経験以上に大切なことがあります。それは人との話合いを通じて、依頼者との信頼関係を築くことです。

相談の内容は千差万別です。依頼者がどんな問題を抱えているのかを、話合いの中で把握しなければなりません。機械的な尋ね方や、一方的に質問を繰り返すだけでは、依頼者は心を開いてはくれません。そんな時に役に立つのが、これまでの人生で培った人間的な力です。不動産の経験や知識は、もちろん不可欠です。それでも話合いを進める時には、人間としての魅力のほうが実は重要です。人生経験を活かすことができるのが、不動産コンサルティングという仕事なのです。

4 仕事はいろいろなところにある

不動産コンサルティングという言葉から、再開発ビルや区画整理事業などといったイメージを、思い浮かべる人もいるでしょう。ただ、大きなコンサルティング事業は成果が出るまでに数年以上かかるため、新規事業として取り組むのには向きません。

もっと身近に目を向けましょう。不動産を所有している人は、必ずしも不動産の専門家ではありません。問題や課題を抱えていても、気がつかないことが少なくありません。底地、借地、貸家や駐車場の賃貸借などといった身近なところに、問題や課題は隠れているのです。

例えば駐車場について、私はかつてとても単純な仕組みの事業だと思っていました。ところが不動産コンサルタントの立場で関わってみると、外観からはわからない数々の問題があることがわかったのです。測量、図面、境界標、契約書がないなど、次々とトラブルが噴出してきました。問題解決に、コンサルタントの存在は不可欠です。

また、見過ごされがちなのが、不動産の賃貸借に関する問題です。相続や事業承継を行う場合、不動産の賃貸借は重要な要素です。不動産の賃貸借の延長に、コンサルティング業務のヒントが隠されているのです。

5 所有者の悩みの見抜き方

不動産を所有することで、様々な問題や課題が発生します。しかし多くの所有者は、そのことに気がついていないのです。もちろん、どうすればいいのかなんて、わかるはずがありません。

例えば相続です。相続の際には、今まで隠れていた問題が浮上してきます。

相続人は何人いるのか、どのように分割するか、税金はいくらかかるのか——などといった具合です。

手続きとして、契約書を交わしたり測量をしたりするなど、いろいろとやらなければいけないこともあります。しかも多くの場合、問題があっても解決を先送りにしてきたため、問題は大きく複雑になっています。さらに解決を困難にするのが、当事者間の感情のもつれです。

そんな時は、依頼者と一緒にチェックリストを作成して、問題や課題を明確にしていきましょう。問題、課題を明確にすることで、依頼者の悩みに近づくことができます。依頼者の悩みや不安、苦しみを共有することが、不動産コンサルティングの基本なのです。

次に問題を把握するために、依頼者と一緒に実際に行動を起こしてみましょう。すると、それまで見えていなかったものが、はっきりと見えるようになります。私は依頼者に、山登りの例え話をよくします。山の入り口、三合目、五合目、さらに頂上へと近づいていくにしたがって、だんだんと視界が広くなってきます。不動産コンサルティングの場合も、実際に行動することによって視野が広がっていくことを理解してもらうためです。

6 切り口次第で新たなビジネスに

不動産コンサルティングは売買の仲介や分譲、リフォームなどと異なり、不動産の権利移動や変化がなくても、ビジネスが成立します。今までビジネスにならないと思っていたところに、新しいビジネスが生まれてくるのです。

不動産コンサルティングのビジネスは、海面に顔を出している氷山の一角から、海中に隠れている大きな部分を見つけ出すことだと、私は考えています。さらに、不動産業界はもとより、他の業界の人にも新たなビジネスチャンスが生まれてきます。

不動産所有者は、金融資産を持っている場合が多く、さらに高齢者であれば、相続や事業承継という話にもつながります。高齢者関連業者、例えば高齢者向け賃貸住宅や有料老人ホームを運営している業者にも、関連してくる話です。

持家を売却したり、賃貸住宅として貸し出したりする方もいます。不動産売買や賃貸仲介のチャンスが生まれます。リフォームや建築につながることもあるでしょう。

弁護士、税理士、土地家屋調査士などの専門家にとっても、ビジネスの機会があります。弁護士、税理士は不動産だけでなく、財産全体について相談を受けることができます。土地家屋調査士は土地の測量や建物の登記です。

見方や切り口を変えることによって、今まで見えていなかったことが見えるようになってきます。隠れていた部分が明確になることで、新たなビジネスチャンスが生まれるのです。

第2編

不動産コンサルティングの実務

1 不動産コンサルティングの進め方

まず、依頼者から相談を受ける際は、ゆっくりと落ち着いて話を聞くようにします。時間は初めての場合、だいたい1～2時間程度は必要でしょう。

最初の相談が、不動産コンサルタントとして業務を受託できるかどうかに大きく影響します。最初の相談は無料でも、その先のコンサルティングを実施する場合は有料となることは、はじめに伝えなければなりません。

相談を受けて調査を行い、問題点や課題点を明確にしたうえで、報酬額や提案内容を企画提案書としてまとめます。これを依頼者に提出します。企画提案書の内容を説明し、了承を得たうえで、依頼者との間で業務委託契約を締結します。業務委託契約を締結したら、具体的な業務に入っていきます。

状況を正確に把握するために、現地や官公庁において調査活動が必要になります。図書館やインターネットも活用します。調べる内容は、物件や地域の特性、法的な規制、市場の動向などと多岐にわたります。所有者や相続人の権利関係などについて調べる必要もあるでしょう。専門的な内容については、弁護士や税理士、土地家屋調査士といった専門家に相談したり、業務を依頼したりする可能性も出てきます。そうした要素を踏まえたうえで、最終的には、事業化の方法、建築計画、事業収支計画などを提案することが一般的です。

ただし、依頼の内容によって、必要とされる業務も異なります。例えば相手方がいて、交渉を要するような場合には、思うように進まないこともしばしばあります。毎日少しずつ取り組むしか方法はありません。

依頼者には、進捗状況を書面で定期的に報告しながら、コンサルティングを進めていきます。書面での報告は、1～2週間に1回程度でかまいませんが、変化があった時には電話で報告することも必要です。電話の内容も、後から書面にします。電話と書面による連絡と報告は、依頼者の中に安心と信頼を生みます。それが、問題や課題の解決へとつながっていくのです。

2 業務委託契約書の書き方

業務委託契約書に記載する内容は、依頼内容によって異なります。コンサルティングの内容に応じて、契約書も変化するのです。

それでも、新規にコンサルティングを受託する時には、過去の契約書を参考にしながら作成します。契約書を作成する目的は、業務内容を明確にすることと、紛争の防止です。業務の目的、内容や費用について、依頼者と打ち合わせた内容に基づいて、記載していきます。コンサルティングの報酬のほかに、弁護士や税理士などの専門家に依頼した場合には、別途費用がかかることも明記します。口約束のみで業務を進めると、思い違いや勘違いから、トラブルが発生する原因にもなりかねません。

契約書に記載する業務内容は、問題や課題ごとに分けて、わかりやすい表現を心がけましょう。依頼内容は案件ごとに個別性が強く、多種多様です。それだけに、現状を確実に把握しておかないと、焦点がぼやけてしまいます。不動産コンサルティングは、一般の人にとっては馴染みのない職種であり、それだけにわかりやすい契約書はとても重要なのです。契約を途中で解除する場合についても、取り決めておく必要があります。

なかには、解決するのが困難な依頼もあります。理由はいろいろです。依頼者がかつてある程度交渉を進めたところで、話合いを打ち切ってしまっているケースもありました。いずれにしても、コンサルタントとして公平な立場を忘れてしまうと、相手方も感情的になり、交渉が不調に終わってしまいます。できるだけ業務を円滑に進めるよう、広い視野を持つ必要があります。

3 コンサルティングの報酬

不動産コンサルティングの業務は、多様性、個別性が強いので、決まった報酬の計算方法はありません。

一般的な計算方法の1つに、コスト・アプローチ法（費用接近法）があります。事業に要する経費・費用を加算していく方法です。この方法は計算に手間がかかり、費用の拾い出しも大変です。

直接人件費と経費、技術料や特別経費を計算します。人件費には給与、手当だけでなく、社員の賞与、退職給与、社会保険料等が含まれます。経費は直接経費（コピー代、交通費等）と、間接経費（通信費、賃貸料等）があります。ほかにコンサルタントの創造力や経験などに基づいた技術料です。

実際には、もう少しわかりやすい計算方法を用いることが多いようです。その1つに、対象不動産を売買した場合の仲介手数料を目安とする方法があります。不動産コンサルティングは、不動産の仲介業ではありませんが、商品価値を高める働きをしているという意味では仲介業と同じであり、同等の報酬を得ることができるという考え方です。ちなみに2000万円の物件の場合、仲介手数料の上限は66万円です。

また別に、業務にどれくらいの時間がかかるのかを予測し、そこから報酬額を導き出す方法もあります。ちなみに私はこの方法を採用しています。ただ、これまでに行ってきた不動産コンサルティングを振り返ると、ほとんどが事前に予測した時間の約5割増しの時間がかかってしまいました。

報酬の計算は、依頼者や不動産ごとに異なります。相談を受けるたびに計算するしかありません。基本となるのは、コンサルティングに要する時間と、仕事の難易度です。

第3編

企画提案書の作成

1　企画提案書作成の際に注意すること

企画提案書を作成する際には、依頼者と十分な打合せを行うことが必要です。依頼者の悩みや希望をよく聞き、課題に対してどのような解決を望んでいるのかを把握することが、一番のポイントです。次に、打合せの内容に基づいて、現地や法務局、市役所などにおいて調査を行います。

企画提案書には、できるだけ専門用語を使用せずに、わかりやすい言葉を心がけます。必要に応じて表やグラフ、イラスト、写真なども活用し、文章だけではわかりにくい部分を補います。企画提案書の内容によって、コンサルティング業務を受託できるのかどうかが左右されます。それだけに、できるだけ理解しやすい表現を心がけましょう。

　また、企画提案書の作成時点では、不確定な要素もあるでしょう。そうした要素については、実際にコンサルティングに取り組んだ際に想定される展開や影響を、できるだけ明確にします。どのようなリスクがあるのかを、依頼者にあらかじめ理解してもらうのです。リスクをはじめからはっきりさせておくことで、後々のトラブルを防ぐことにもつながります。

　不動産の賃貸借の場合には、長年、問題解決を先送りにしてきた事例も少なくありません。その間に生じた感情的な軋轢を文章に表すことは困難ですが、文章化することで、本質的な課題を把握するきっかけにもなります。

2　相談の受け方

不動産に関する相談を受けることは、日常の業務の中でもよくあるでしょう。悩みを聞いてそのまま終わってしまうのか、次の段階に進められるのかで、コンサルティングにつなげられる可能性が違ってきます。

相談にくる方は、何かしらの悩みや心配を抱えているものの、内容を具体的に把握できていないために、解決方法もわからないのです。日常生活の中でも、いつも頭の片隅に残っていて、何とかしなければいけないと考えています。そうした状態のまま何年も、場合によっては何十年も経過してしまい、しかもどう説明したらいいのか、考えがまとまっていないことが多いのです。

相談を受けるときの心構えとしては、できるだけゆっくりと相手の話を聞くことです。それがすべての始まりです。依頼者に対して、ゆっくりと話を聞きますよという姿勢を伝えるだけで、安心感が生まれます。

相談には2種類あります。問題が発生する前に相談にくるケースと、問題が発生した後に相談にくるケースです。そしてほとんどの相談は後者です。

先ほども書きましたが、初回の相談は無料でも、コンサルティング自体は有料だということを、はじめにきちんと伝えることも重要です。実際に業務を開始した後は、報酬について説明する機会がなかなかないものです。最初が肝心なのです。

3　相談から提案までの流れ

相談の内容に基づいて、調査を行い、問題点を明確にします。そのうえで相談者の要望を整理し、問題点に優先順位をつけます。

調査に入る前には、最新の法律や法改正などについて、チェックしておくことも欠かせません。インターネットなどを活用し、概要を押さえておきましょう。

実際に調査する際には、現地やその周辺を歩いて回ります。車では詳しく見ることができません。基本は徒歩だと思ってください。

法務局で登記簿や図面の調査を行い、所有者から契約書などを見せてもらいます。都市計画や開発計画、法律の規制も調べます。また必要書類の確認は、念入りに行いましょう。権利書や賃貸借契約書、地積測量図のほかに、念書や合意書などの書類も、すべて見せてもらうようにします。

依頼者の希望をどのようにして実現するのか——。それを具体的に示すのが企画提案書です。依頼者の話を聞くときには、複写式のレポート用紙などを用意して、記録を残します。複写式にする理由は、依頼者にも記録した内容を渡すためです。

依頼者が話す過去の出来事について、批評することは避けましょう。それは相手を不快にするだけで、何の解決にもつながりません。

同じ話が何度も出てくることがあります。それでもきちんと聞くことで、信頼関係が育まれていきます。また、何度も出てくるということは、それが依頼者の要望していることだということです。

依頼者の要望を満たす企画提案書をつくるのは、簡単ではありません。それでも、頭の中のイメージを具体的な文章にしていくことで、問題の解決方法が少しずつ見えてきます。相談の際のメモなどを見直すことで、提案がまとまってくることもあります。

最終的に企画提案書は、できるだけわかりやすい言葉で書くとともに、依頼者が複数の案の中から選択できるようにするといいでしょう。

4　A4サイズ1枚にまとめる

企画提案書は、提案内容が多くなるにしたがって、おのずと枚数は増えていきます。説明資料などを添付すると、合計10枚以上になってしまうこともあるかもしれません。しかし書類が多くなると、焦点がぼやけてしまい、逆に内容がわかりにくくなる可能性が高まります。

すでに述べたように、不動産のことをよく知らない人にも、問題や課題が理解できて、解決方法がわかりやすく説明されていることが不可欠です。そのため企画提案書は、枚数が少ないほうが望ましいといえます。できればA4サイズ1枚にまとめる努力が必要です。1枚にまとめ、簡潔に示すことで、問題・課題が明確になり、解決への方法がわかりやすくなります。すぐに読めるため、相談者の決断も早くなります。逆に枚数が多いと、結論にたどり着く前に読むのをやめてしまう危険性もあります。

コンサルタント自身が問題の全体像をきちんととらえていないと、簡潔にまとめることはできません。冗長なものよりも、1枚の重みにこそ価値があるのです。

5 マンション分譲の広告提案事例

コンサルティングの事例について、いくつかご紹介します。

私がかつて取引をしたことのあるディベロッパーが、マンション分譲を行っていました。私の自宅にも、毎週のように折り込みチラシが入ってきます。フルカラーで、A3またはそれ以上のサイズの、とても立派な仕様です。私は広告費のことが気になり、分譲主を訪問して話を聞きました。すると、1回当たり数百万円の費用をかけているのにもかかわらず、販売が停滞しているというのです。私は、販売費の軽減と成約率を向上させるための提案をさせてもらうことにしました。

まず、マンションと周辺の調査を行いました。すでにパンフレットは出来上がっていましたが、居住者に必要な日常生活の情報が、さほど詳しく書かれていなかったのです。現地を歩くとともに、マンションの半径1キロ圏内にある公共施設（子ども、高齢者向け）や、商業施設の地図を作成しました。鉄道やバスについても、実際に乗車し、バス停も確認しました。さらに近隣の競合物件の分析を行いました。競合物件との違いを理解することで、差別化が可能になります。

そのうえでマンション来場者アンケートや、契約者の分析を行い、見込み客として、近くの分譲マンションからの買替えと、社宅の居住者に絞る提案をしました。チラシのサイズもＡ２やＡ３からＢ４サイズに縮小し、カラーよりも赤や黒の１色や２色にすることを勧めました。

６　事業用定期借地権設定の手続き事例

次は、ロードサイド店舗を建設する事業主のために、事業用定期借地権設定の手続きを行った事例です。私は、住宅用の借地権については長年取り扱ってきましたが、事業用定期借地権の設定は、この事例が初めてでした。

ある地主の方から、「今まで土地を貸していた店舗が撤退するので、新しい借主を探してほしい」という依頼を受けました。私は不動産業者数社に情報提供し、希望者を見つけました。希望者の事業は、大型物販店でした。説明資料を作成し、地主に条件を伝え了承を得ました。

大型物販店には、大店法に基づいた手続きが必要でした。借主自身が手続きを行ったのですが、告知の方法として新聞に掲載することなどを、この時に初めて知りました。工事面積が大きいため、開発手続きも必要でした。開発手続きはやはり借主が行い、私は建築や各種の手続きを進めていきました。

借主の事業用定期借地権設定契約書に基づいて、貸主と打合せを数回行いました。貸主の了承を得た後すぐに、借主からの変更の申出があったりして、調整に手間取りました。結局、最初の申込みから、すべての手続きが完了するのに約2年かかりました。

第4編

不動産コンサルティング技能試験

1 公認 不動産コンサルティングマスターとは?

公認 不動産コンサルティングマスターは、不動産コンサルティングを円滑に行うために必要な知識を有していると認められ、公益財団法人不動産流通近代化センターの登録を受けた人のことです。登録には、同センターが実施する不動産コンサルティング技能試験に合格し、宅建業などについて5年以上の実務経験を有している必要があります。同試験は、国が直接実施する試験ではないので、国家資格ではありません。

公認 不動産コンサルティングマスターは、不動産関連の法令等において、事業の許可や登録を受けるための人的要件を満たす者として位置づけられています。

具体的には、以下の３つです。①不動産特定共同事業法において、不動産特定共同事業を行うための許可条件の１つである業務管理者になることができる。②不動産投資顧問業登録規定の、登録申請者及び重要な使用人の知識についての審査基準を満たすことができる。③金融商品取引法において、不動産関連特定投資運用業を行う場合の人的要件を満たすことができる。

2 試験の内容

不動産コンサルティング技能試験を受験できるのは、宅地建物取引主任者資格登録者、不動産鑑定士登録者などに限られます。さらに平成25年度試験からは、一級建築士にも受験資格が拡大されました。

試験は1年に1回行われ、択一式と記述式で出題されます。事業、実務、法律、税制、建築、経済、金融と、非常に幅広い知識が問われます。

ただし、受験生は一からすべてを勉強する必要はありません。受験資格は、宅地建物取引主任者、不動産鑑定士、一級建築士などの実務者です。不動産に関する基本的な知識を持っていることが前提です。これまでに学んだ知識のほか、実務で得られた経験やノウハウも、当然に役に立ちます。

そうはいっても、合格にはより高度な専門知識が必要になるのも事実です。ある程度の勉強が必要ですが、合格するための勉強というよりも、業務に取り組む際に必要となる知識を習得すること——を目的としたほうがよいでしょう。それが結果として試験対策にもつながります。

もちろん、宅地建物取引主任者試験に合格するには、幅広い知識が必要ですが、それ以上に幅が広く、奥行きも深いのが、不動産コンサルティング技能試験なのです。

第5編

不動産コンサルティング市場の拡大

1　コンサルティングの可能性①

不動産コンサルティングに発展する可能性は、いたるところにあります。なかでも不動産の賃貸管理業は、コンサルティングにつながるような話題にあふれています。賃貸管理業者は、不動産所有者の置かれている状況をよく理解しています。そのうえで不動産自体の抱えている課題を明確にできれば、不動産コンサルティングのニーズが発生するのです。

例えばある物件について、近隣の物件と比較したうえで、入居状況の違いやウィークポイントなどを明確にします。新たな入居者を呼び込むために、最新のニーズや、エリア特性を調査します。一方で現在の入居者に長く住んでもらうための工夫も必要になってきます。3～5年の間の予想される収支を計算します。単純な改装ではない、建物の価値を再生するような改装も、不動産コンサルティングの仕事です。もちろん費用についても十分な検討が必要です。必要となる情報を集め、計画的な運営を提案します。

同様に、建築や建設会社、ディベロッパーやハウスメーカーも、不動産の所有者との接点を持っています。そこから不動産コンサルティングに結び付けることができます。

2　コンサルティングの可能性②

金融機関（都銀、地銀、信用金庫、信用組合、ＪＡ）は、不動産の所有者と密接なつながりを持っています。不動産の状況も把握していますし、不動産所有者の家族構成などについても知っています。資産、資金の両面を把握しているだけに、不動産コンサルティングのニーズが生まれるチャンスが多くあります。

金融機関は、生命保険や損害保険を取り扱っています。生命保険会社やファイナンシャルプランナーの仕事にも、不動産コンサルティングの能力が活かされます。

高齢者の介護関連業者にも、不動産コンサルティングが必要となる場面があります。有料老人ホームや、高齢者向け賃貸住宅に入居する人が、居住していた住宅を売却したり、賃貸したりするケースがあるからです。デイサービスや、訪問介護や看護を受けている人には、将来的に相続の問題も発生します。

不動産コンサルティングへとつながる発端は、何も考えていないとそのまま見落としてしまいがちです。切り口や見方を変えると、コンサルティングのきっかけがあることに気がつきます。不動産の所有者自身は、どこかに問題があることは知っていても、具体的な内容は把握できていません。それだけに各業種の人のほうが、日常業務の中で見方や切り口を変えることで、不動産コンサルティングというビジネスのきっかけが見つかるのです。

３　不動産コンサルティング市場の据野の大きさ

不動産コンサルティング技能試験は、平成５年に開始されました。その頃はまだ、不動産コンサルティングという業務自体が一般的には普及していませんでした。それから年数が経過し、平成25年１月現在、合格者の数は３万３７４

4人に達しました。彼らはもちろん、宅地建物取引主任者や、不動産鑑定士の資格も持っています。

約3万人の技能登録者が、年に1回コンサルティング事業を行うと年に3万件、2カ月に1回取り組むと、年に18万件のコンサルティングが行われることになります。そして不動産コンサルティングの事例が増えれば増えるほど、不動産市場はより大きく、よりよいものになります。

4 土地家屋調査士からの紹介事例

私は土地家屋調査士とは、昔から仕事上の接点があります。測量という業務を通じて、アドバイスしてもらったり、不動産コンサルティングに協力してもらったりしています。不動産を売りたいという情報を紹介してもらい、実際に成約したことも、何回もあります。

この事例は、ある地主からの相談がきっかけです。以前、土地家屋調査士から紹介を受けた方で、土地売却を仲介したこともありました。

この地主は、かつて借地人から、借地権付建物の返還を受けました。一般的には建物を解体して、更地にしてもらいます。しかし建物が連棟式で、築年数も古いうえに、敷地面積が45㎡しかありません。解体し建て替えても、十分な居住面積は確保できないでしょう。建物の内外部が老朽化し、風呂、台所、洗面所、ＷＣに問題があるほかに、部屋も雨漏りしていました。

地主は10年近く空き家の状態で保有していましたが、空き家とはいえ管理も大変です。毎年固定資産税を支払っているので、費用もばかになりません。不動産業者に売却を依頼しましたが、成果は上がりませんでした。なお改装は、多額の費用がかかるため実施していなかったのです。

私からの提案は、改装して賃貸物件とし、収益を目的として保有する人を探すことでした。改装費用をいかに安くするか、また賃貸住宅として貸す場合の方法についても提案する必要がありました。商品としての価値を生むために、不動産コンサルティングが欠かせなかったのです。

5 税理士からの紹介事例

私が行った初めての不動産コンサルティングは、税理士からの紹介がきっかけでした。

ある方に相続が発生しました。所有している不動産は底地（貸地）で、借地人に底地を売却して相続税を支払う必要がありました。

ところが調査してわかったのですが、土地の前面道路は建築基準法上の道路ではありませんでした。建物を建て替えることができません。再建築するには、建築基準法43条1項ただし書の手続きが必要です。

建築設計士に手続きを依頼しました。関係者の署名や捺印は私の仕事です。13人の借地人と、1人の地主の承諾を取りに回ったのです。何より時間がかかったのは、関係者に法律の内容を理解してもらうことでした。その過程で、法務局の公図と現地では異なる所があることがわかりました。30年以上前に、土地の交換を行う約束をしていましたが、実際には手続きが実行されていなかったのです。この状態では、売却も物納もできません。

実際の作業は予想以上に困難なことの連続でした。管轄の市には同様の事例が少なく、借地人や地主にとってももちろん初めてのことでした。協力することで、将来の建替えのときにも役に立つため、不動産の価値が上がることを説明。何とか了解をとることができました。何回も足を運び、交換登記にも協力してもらいました。

不動産所有者、税理士、建築設計士、司法書士、土地家屋調査士など、関係者が多いというのも、この事例の特徴でした。連携作業のために、数回全員に集まってもらい、作業が進むよう打合せを行いました。

第6編

業務を依頼されるきっかけ

1　不動産コンサルティングの基本

不動産コンサルティングの仕事は、権利調整（当事者双方の意見の調整）が中心となります。双方の意見を尊重しながら、要望や希望を十分に聞くことで、考え方や、具体的にどうしてほしいのかを把握することが第一段階です。

問題の解決を長年先送りにしてきた結果、当初はすぐに解決できる可能性があった案件でも、現在では問題が大きくなりすぎて、解決できる見通しが立たない状態になっていることも少なくありません。権利調整には、感情のもつれをほぐしながら、問題を解決できるようにする以外に方法はないのです。

また、絶えず勉強を怠らないことも重要です。不動産コンサルティングの実務では、相談内容はケースごとに異なります。不動産に関する法律や条例、税務なども、毎年のように変わっています。専門家との連携はもちろん大事なことですが、専門家に依頼する前に、コンサルタント自身が基本的な部分を理解していないと、対応できなくなります。

多くの書籍を読むことが理想ですが、最新の法令を確実に入手できて、内容もわかりやすいのは、官公庁のウェブサイトです。法律を作っているところなので、わかりやすくまとまっています。

2　不動産コンサルティングの心構え

不動産コンサルティングの業務は、解決の見通しがなかなか立ちにくい案件も少なくありません。解決までに2～3カ月で済むのか、それとも数年かかるのかは、実際に着手しないと見えてこないこともあります。不動産の売買や仲介の場合、売却が難しい案件の対策として有効なのは価格の引下げです。でもそうした直接的な手段は、コンサルティングに限っては存在しません。

不動産コンサルティングの解決に時間がかかるのと、見通しがつきにくい原因に、相談者と相手方との感情のもつれがあります。感情的に対立してしまうと、話合いを進めること自体が困難になります。コンサルタントが心がけなければならないのは、相手方とも仲良くなるということです。

長年の対立からくる感情的な対立は、1、2回の話合いでどうにかなるものではありません。そして、最初に感情的な行き違いをきちんと解決しておかないと、事態は前に進みません。難しい業務です。あせらずに1つずつ問題や課題の解決に取り組む必要があります。

今まで何十年という間、問題解決を先送りにしてきた経緯があります。依頼者も相手方も、心の中で何とか解決したいという気持ちはあっても、自分から頭を下げるつもりのない人が多いのです。気持ちをゆったりと構えて、急がずに進めていきましょう。進展がないと気持ちが後ろ向きになってしまいがちですが、そうした時に手を抜いてしまうと、今まで積み上げてきたものが無駄になってしまいます。動かない時こそ気持ちを切り替えて、前へと進めていくことを心がけます。根気と継続が必要なのです。

3 コンサルティングについて思うこと

不動産業界は、景気・不景気の波の影響をもろに受けてきました。景気がよいと暴走してしまい、不景気になると谷底へ転落してしまうのを、これまでに何度も目にしてきました。プラスとマイナスの差が大きいのです。天国と地獄の間を、猛スピードで行ったり来たりを繰り返している業界です。

経営の安定のためには、本業を大切にしながら、新規事業への進出を考える必要があります。不動産関連の業種にはマンションや戸建ての分譲、不動産の売買や賃貸の仲介、建築や建設、賃貸の管理など、多くの種類があります。そして不動産コンサルティングは、各業種に活性化と発展をもたらします。不動産コンサルティングに関連する業種には、金融機関や、生命保険、損害保険会社も含まれます。専門家として弁護士、税理士、司法書士や土地家屋調査士や建築設計士がいます。いろいろな業種の人が、不動産コンサルティングに接する機会があります。

中高年の人も、今までの経験やノウハウに加えて、人生のすべてが活かせます。本業を基本に、拡大・発展していくことができるのです。今までの業務で得たことは、決して無駄になりません。

4　これからの不動産コンサルティング

不動産を所有していると、問題や課題が生じてきます。はっきりとした形でとらえている人は少ないのですが、多くの場合、問題や課題があることには気づいています。ただ、「何か問題がありますか」と聞いても、なかなか具体的な回答を得ることは難しいのが現状です。

そこで、不動産コンサルタントが、不動産所有者の悩みを聞き出す際の質問として、以下のようなものがあります。

●涙が出る、惨めに感じる、悔しい思いをしているなどといったことはありませんか？

●気が重いことや、うっとうしく感じたり後悔したりしていることはありませんか？

●夜眠れなかったり、やりきれない気持ちに苦しめられたりしていませんか？

●落ち着かない、あきらめきれない、腹が立つなどといったことはありませんか？

●ひやひやする、心配だ、判断できないなどといったことはありませんか？

もちろん、これらの5つの質問をするだけで、すぐに回答が出てくるわけではありません。それでも、不動産所有者の不安、疑問、悲しさ、苦しさ、悔しさを理解することで、思いの核心に少しずつ近づいていくことができます。不動産コンサルティングで取り上げる案件は、当初は具体的でなく、抽象的な内容が多いのですが、話を聞くことで、少しずつ形が見えてきます。

不動産コンサルティングはようやく動き出したばかりの業界です。不動産コンサルティング技能試験は平成5年に開始され20年が経過しましたが、多くの人はいまだに、どうしたらよいかわからなくて踏み込めないでいるようです。誰にとっても未知の世界です。考えるより実行に移すことで、初めていろんなことがわかってくるものです。

5　測量によってわかること

今まで相続対策や、有効活用、事業承継などについて、いろいろな提案を行ってきましたが、後から振り返ってみると、私自身が基本的なことに気がついていなかったケースがあります。測量をするという基本を見落としていたのです。

測量は、解決への糸口となります。

まず、隣接している建物や、構築物の越境がわかります。公図と現況の不一致や地図混乱地域もわかり、公図訂正の必要が出てくることもあります。

また、道路の幅員や間口がわかり、法面（斜面）の面積がわかります。土地を貸している場合には、借地人の状況や、借地の面積がわかります。物納条件を満たすには、土地の面積や境界の確定が必要です。道路部分が非課税になるなど、面積や形状等で、固定資産税の軽減ができる可能性があります。相続税も軽減される可能性があります。

土地が2以上の用途地域にわたる場合に、土地の面積割合で、用途地域が判明します。

このように、測量することで、様々な問題が明確になるのです。

6 トラブル解決のきっかけ

境界の確認を行う場合には、隣接の土地所有者や借地人などに立ち会ってもらいます。注意しなければならないのは、その時点で所有者同士がトラブルを起こすと、すべてが水の泡になってしまうということです。

境界確認についてのトラブルには、主に３つのパターンがあります。１つ目は、境界の立会いの拒否です。原因は、以前からトラブルを抱えていて、解決していない場合です。２つ目は、境界の立会いまではしてくれますが、境界を認めてくれない場合です。原因には、感情的なもつれが少なくありません。３つ目は、立ち会ってくれて、境界を認めてもくれますが、捺印を拒否される場合です。原因は、「捺印すること」に不安を持っている人が多いのです。話して納得してもらうのに、かなりの時間がかかります。

境界の立会いや署名捺印に関する費用は、当事者の自己負担でお願いしています。所有者以外の立会いの場合は、管理している不動産業者が立ち会う場合が多いのですが、書類には土地所有者の実印と印鑑証明が必要です。測量が長期になることもあります。立会いが終わっても、連絡がなかなか取れないときや、共有者が多い場合は、時間がかかります。所有者の所在が不明だと、確認するのが大変です。登記簿や電話帳、手紙などを基に追跡します。隣接地や近所の人にも確認します。公図と現地が一致しない場合もあります。公図上はあるものが現地にはない、公図と現地の位置が違う、公図上はないものが現地にはある、などといった場合です。早期に解決に動かないと後々トラブルになりかねません。

第7編

不動産コンサルティングの実際

1 不動産コンサルティングの必要性

不動産コンサルティングのことをよく知るためには、まずは多くの事例に触れる必要があります。事例を知ることで、新たな不動産コンサルティングのきっかけが、つかみやすくなります。

コンサルティング業務は、実際に取り組んでから解決までに、長い時間がかかることがあります。なかなか仕事が進まないときや、仕事に行き詰まってしまったときなど、取り組む意欲が減退してしまいがちです。そうした際にも、他の成功事例を知ることで、新たな気持ちになり、活力が湧いてきます。

また事例を知ることで、解決の目標や目的が明確になります。企画提案書作りの参考にもなります。企画提案書のポイントは、依頼者の要望をいかに実現するのかということです。そして企画提案書の内容を理解してもらい、承諾を得ることです。容易ではありませんが、事例があることで、企画提案書の方向性が絞りやすくなります。

報酬額を考えるうえでも、事例は役に立ちます。不動産コンサルティングは、報酬に関する基準がなく、報酬額を算出するのは困難です。これも事例によって、ある程度の目安がつけられます。

2　事例の見方

不動産コンサルティングに取り組みたいと考えている人はたくさんいます。

コンサルティングのヒントは、書籍や資料などにもある程度は掲載されています。それらを読んでも、どのようにしたらよいのか、何に取り組んだらよいのかわからないというのが実情です。何とか取り組むテーマは見つけられたとしても、そこから具体的にどうすればいいのかがわからないのです。

それだけに、不動産コンサルティングに取り組もうと考えている人や、実際に取り組んでいる人が何より知りたいのは、実際の不動産コンサルティングの事例なのです。

私は過去に行ったコンサルティングの内容を、統一した書式でまとめています。一つのスタイルに統一することで、後から比較、検討などがしやすくなります。ケース別に事例を分けたり、時系列にまとめたりすることも容易です。

番号、契約の日付、報酬額、コンサルティングの内容、詳細――などといった項目に基づいて整理しています。

そのほかに、キーワード（底地や借地、その他関連する内容）、ポイント

（業務を進行する際に注意したこと）、きっかけ（コンサルティングへのきっかけとなった出来事）、概要（コンサルティングを受託するまでの経緯）、リンク（応用――現在行っているコンサルティングのうち、次に活用できるアイデア）などについてもまとめています（資料編として、過去の事例をまとめたものを掲載します）。

3　10年間で100件のコンサルティング（会社員時代前半）

私は、10年間で100件の不動産コンサルティングを行いました。1件目に取り組んだ時点では、想像もつかなかった数字です。1つずつ着実に取り組んできましたが、相談を受けるたびに、それまで経験したこともない内容に頭を悩まされました。

会社員時代の不動産コンサルティングを分析しますと、会社員時代の件数は47件です。その中で圧倒的に多かったのは、借地に関するものです。私は、平成3年頃から不動産の権利調整を行ってきましたが、その時も中心は借地でした。

当初は、どのようにしたらよいのか全く見通しがつかない手探り状態でした。一番初めの相談は、相続が発生して、相続税を支払うために、底地（貸地）を借地人に売却して納税資産をつくりたいという内容でした。早速調べてみると、なんと再建築できない土地だったのです。そこで建築基準法43条1項ただし書の手続きを行い、再建築できるようにしました。

その後、不動産コンサルタントへの道に大きく踏み込むきっかけがありました。高齢者向け賃貸住宅の不動産コンサルティングを行った時のことです。当時、高齢者向け住宅については、参考にする本もなかなか見つかりませんでした。図書館を何カ所も回って、ようやく参考になりそうな資料を探すことができたのです。各地の高齢者向け賃貸住宅も見学に行きました。ただしパンフレットの内容と実際とが違うものが多く、何度もがっかりさせられました。こうした経験から、コンサルタントの必要性を痛感しました。

４　10年間で100件のコンサルティング（会社員時代後半）

会社員時代後半も借地に関するコンサルティングは多かったのですが、内容は以前と少しずつ変化していました。

例えば、借地権を売却するための条件整備に関する事例がありました。底地は9人の共有でした。かつての借地人が、戦前に建物に設定した抵当権の抹消に時間がかかりました。ほかに借地人の相続手続きがあったりして、難航しましたが、一連の手続きを無事完了することができました。

他の事例では、借地上の建替えや、借地権の合意解約に関するものなどがありました。

また、不動産の市場調査も、3件行いました。初めに取り組んだ事例では、テナントや工場の空きを解消するため、他の用途に活用できないかを調べました。現地を歩くことが市場調査の基本であることを知ったのは、このときの経験からです。月極駐車場を、分譲マンションのモデルルーム用地として、一時使用契約を交わしたこともありました。

少し変わった不動産コンサルティングの形態として、共同でコンサルティングに当たったこともあります。借地人が、借地権を返還するために地主を訪問したところ、更地で返還してほしいと言われました。調べると解体費用が1千万円かかることがわかり、借地人は知人の不動産業者に相談しました。その不動産業者より当社に相談があり、当該業者と共同してコンサルティングに当たることになりました。再度地主と交渉し、第三者に借地権を売却することで了承を得ました。

5　10年間で100件のコンサルティング（独立開業後）

私が勤務していた会社を定年退職したのは平成20年7月、宅地建物取引業者として独立したのが同年の10月です。それまでに不動産の仲介業務に36年従事していたのですが、独立後については不安も少なくありませんでした。

独立後の業務として、３つの柱を想定していました。不動産コンサルティング、不動産仲介、研修・講座・執筆の３本柱です。

まず、先の見えないときに、不動産コンサルティングが私の会社を支えてくれました。不動産業者の保有不動産売却に関するコンサルティングです。現地や周辺を調べ、近隣の交通機関、官公庁への調査も実施しました。はじめに現地を見ることで、書類だけではわからなかったコンサルティングの〝形〟が見えてきます。直接ではなく、間接的に行う不動産アドバイザリーの業務も２件ありました。

それまで経験したことがない事例について、不動産コンサルティングを行ったこともありました。例えば土地収用のコンサルティングは、相談を受けるまで全く未経験の分野でしたが、ゼロから勉強することで土地収用を理解し、交渉をまとめることができました。

最近は、空き家を改装したいという相談も少なくありません。不動産の売却について、仲介ではなく売主をサポートする形で、業者の選定から、契約決済までを一通りサポートしたこともあります。

当初は底地、借地の権利調整が中心だったものが、少しずつ新しい分野が広がってきています。さらに新しい不動産コンサルティングが見つかりそうな予感がしています。

報酬は、かつては成功報酬の形が多かったのですが、１カ月定額の顧問契約も増えてきました。

走り続けて気がつけば、10年間で１００件の不動産コンサルティングを達成していました。

6 他社のコンサルティングへの取り組み①

不動産コンサルティングを行っている業者が、実際にどのような取り組み方をしているのかを知ることで、実務のヒントや可能性を知ることができます。

A社は、既存の建物の有効利用や空室改善に関するコンサルティングを行っています。改装やリノベーションが中心です。関連して、収益率向上の企画、立案も行っています。ほかには各種の許認可取得業務への協力があります。許認可取得業務への協力は、不動産コンサルティングの新しい形としてとらえることができます。

B社は、賃貸住宅の企画提案や、有効活用のためのコンサルティングを行っています。ほかに債権債務の整理なども手掛けています。こうした事業は、一定のルールに沿って進める必要があります。

C社は、高齢者向けマンションの調査が得意です。高齢者向け物件は、今後、大きく成長することが見込まれる市場です。

D社は、今まで意外と見落とされてきた、不動産の現在価値の評価の見直しを行っています。見直すことで、さらなるコンサルティングのきっかけにもつながります。また、資産運用のワンストップサービスとして、企画の立案から、弁護士、税理士との連携も行っています。専門家との連携は、不動産コンサルティング事業を展開するために重要な要素です。

さらに、倉庫のサブリース契約に関するコンサルティング業務にも取り組んでいます。現在倉庫も空きが増えてきています。倉庫以外への転用を考えることで、サブリースも新しい展開が期待できます。

なかには、クライアントと顧問契約を結びコンサルティングに取り組んでいる会社もあります。成功報酬という形ばかりでなく、弁護士や税理士のように顧客と顧問契約を結ぶことによって、安定した収益が見込めます。

7　他社のコンサルティングへの取り組み②

E社は、築年数の古いビルのリノベーションを企画しています。まず、建築確認などの法的な裏づけが必要です。企画を提案し話合いを進めていったものの、そもそも法的に実現できない企画だったというのでは目も当てられません。また、ビルの管理も行っていますが、管理物件の長期修繕計画は、準備と、段取りを考えて進めていく必要があります。専門業者の協力が欠かせない場面も出てきます。

F社は、貸地の管理に関するコンサルティングを行っています。貸地の管理は、長期的な視点を持って進めなければなりません。長い間には、借地人との交渉も必要になります。地代の改定、建替えや譲渡の承諾料、借地契約書の作成、近隣との調整もあります。

G社は、相続対策、事業承継に取り組んでいます。不動産コンサルティングの最も基本的なジャンルです。いろいろな知識や経験が要求されます。

H社は企業のM&Aに関するコンサルティングを行っています。M&Aでは、資産の売却や、同業他社への売却が行われます。遊休地の解決方法としては、コインパーキングや、店舗付ワンルームマンションなども提案します。そのほか、新築のマンションや戸建ての売れ残り対策、販売前の市場調査も行います。

こうした企業を見ていると、不動産業界が不況になるほど、不動産コンサルティングのチャンスが増えてくるともいえる気がします。

第8編

不動産業者からの依頼

1 市場調査

独立して不動産コンサルティングに取り組むようになり、2年目に依頼された事例です。地元密着の不動産業者が、営業に役立てるため市場調査をしてほしいと依頼してきたのです。

この業者は、不動産売買仲介を中心とする営業を行っていました。営業のための資料として、住宅地図を基に分譲マンションや賃貸住宅の変化を調査してほしいというのです。

早速、10年前と5年前の住宅地図を比較して、動きについてまとめました。

プロの不動産業者でも長年同じ場所で業務を行っていると、マンネリに陥る可能性が高くなります。それだけに、客観的なデータに基づいた第三者の視点は重要です。さらに、市場調査は実務者の立場から行われなければなりません。それこそが、営業に本当に役に立つ調査であり、不動産コンサルティングなのです。

データを活用する方法も、併せて提案しました。住宅統計調査報告から、建物の築年月や居住者の通勤時間を調べ、公営住宅と民間賃貸住宅の賃料比較を行いました。国勢調査から、当該業者が重点的に営業している地域を中心に、データを調べます。年齢（5歳階級）別の人口や通勤者数、人口集中地区などについても調査しました。

住宅需要実態調査から、住宅の満足な点、不満な点、住環境への不満な点を読み取り、どのように活用したらよいのかを提案しました。

この時の一連の業務を通じて、市場調査の分野に、不動産コンサルティングの新しい可能性を感じることができました。

2 マンション分譲前のマーケティング調査

分譲マンションについて、成約率向上と、広告費を節減するための不動産コンサルティングを受託しました。依頼者は、すでに用地を購入していました。そこでどのようなマンションがよいのか案を出してほしいというのです。

すでに何度も述べたとおり、現地調査は、実際に現場を歩いてみることが肝心です。私も最初は車で現地調査に入りました。でも車ではゆっくりと見られないのです。駐車する場所にも困ります。車は便利なようで、現地調査には全く不向きだということが、経験からわかりました。

近隣で、分譲中の新築分譲マンションのモデルルームを回り、パンフレットを入手し販売状況を確認しました。調査区域の参考にしたのは、小学校及び中学校の学区です。最初に重点地域を決め、生活マップを作成し、公共施設、商業施設、子どもや高齢者の施設、交通機関などを調べて、資料としてまとめました。町名別、年齢別の人口も、調べた地図に記入しました。

賃貸マンションについても、資料を基に1軒ずつ回りました。わかったのは、ほとんどの賃貸マンションにおいて、駐車場の設置率が入居戸数の2～3割しかないという事実でした。駐車場付きであれば売りやすいと考え、ほかの資料とともに提案しました。さらにモデルルーム用地を探してほしいと頼まれ、これも適当な土地を見つけて提案することができました。

3　底地と借地の同時売却のコンサルティング

ある土地について、借地人の賃料滞納が解消されないまま数年が経過し、借地権付建物が競売にかけられました。底地を所有していた不動産業者も競売に参加しました。ところが他の不動産業者が借地権付建物を落札してしまったのです。

私は底地を所有している業者とも、落札した業者とも、かつて取引したことがありました。落札した業者は、私が底地を所有している業者と知り合いだと聞き、話をつないでほしいと依頼してきました。借地権付建物のまま売却することは可能ですが、売却に時間がかかり、価格も下がります。そこで私が、底地と借地を同時に売却できるよう、まとめ役として動くことになったのです。

同時に売却すると、売却後の土地の権利は所有権となり、買い手を見つけやすくなります。また、同時売却の場合、借地権者は、底地所有者に売却の場合の名義変更料を支払う必要もありません。

どちらもプロの不動産業者です。私は十分に市場を調査したうえで売却価格を示し、双方から了解を得ました。売却できた場合の取り分も事前に決めました。

底地、借地権付建物を別々に売却した場合、合計しても、同時売却の場合の7割ぐらいの評価しか出ません。お互いに協力することで、不動産の価値を高めて流通させることができたのです。

4　空きビルの有効活用

かつて何度か取引したことがある不動産業者から、購入したテナントビルが全部空いているという相談を受けました。建物を解体して賃貸マンションを建築する計画もあったようですが、総事業費がかかりすぎるということで断念していました。そこで、やはり現在の建物を貸したいので、ビルの有効活用の方法を提案してほしいと依頼してきたのです。

現地を何回も歩いて、テナントの状況を調べましたが、なかなか良いアイデアが浮かびませんでした。最終的に、各種のデータを参考にして、付近に不足しているテナントや、需要が伸びているテナントのなかから、3つに絞り込みました。

1つは認可外保育所とベビーホテルの併用です。共働きの家庭が多いことから、保育所の需要が高いことがうかがえました。

2つ目は高齢者向けの、デイサービスを中心とした施設です。高齢者人口が急速に増えてきています。今後は在宅ケアを受けるのが中心となってくるので、同様の施設が必要になります。

３つ目は、フィットネスジムです。健康ブームで利用者が増えており、特に中高年の利用者が増加しています。駅が近い物件で、しかも同様の施設がなかったため、この３つを提案し、誘致活動に入ったのです。

ところが、元が家具店だったため、エスカレーターやエレベーター、柱の位置などに問題があって、なかなか話が進みませんでした。最終的には、そのままビルを購入したいという人が現れ、売却することにしました。

現在は、テナントビルに空きが増えてきています。使用目的や用途を提案する不動産コンサルティングは、今後も増えてくることが予想されます。

5　自社保有の不動産売却の提案

不動産の勉強会で何度か話したことのある不動産業者から、相談したいことがあるというメールを受け取りました。自社保有の不動産（建売住宅及び中古住宅）について、1年以上売れていない物件があるというのです。すでに大幅に価格も下げていて、物件によっては、原価割れにすらなっていました。考え得る対策を行ってきたものの、一向に効果が現れていませんでした。

そこで、物件の状態について、ゼロから洗い直すことにしました。今回も、現地を見て、周辺を歩き、付近の交通機関を調べ、市役所で調査する――という4つの方法です。その業者がすでに実施していることでしたが、あえて省略せず、自らやってみたのです。基本から洗い直すことによって、物件の長所、短所を浮かび上がらせることができるのではないかと期待したのです。

調査してみると、全面改装した中古住宅は、図面と実際とで違うところが数カ所あることがわかりました。玄関は、図面上は1間なのに、実際には1間半あります。図面上は壁なのに、実際には窓がある部分もあります。現状に合わせて図面を修正しました。

お客さんを何回も案内していたのに、1年以上誰も気がつかなかったのです。改装内容についても、それまでの一覧表から、間取り別に書き直しました。それまで気がつかなかった点を、1つずつ整理し明確にすることで、商品力を高めることができました。

のぼりや看板を多く掲げている物件については、看板を1枚に減らし、バケツと雑巾できれいにしました。

このコンサルティングで何より重要だったのは、基本を見直すことです。長い間同じ仕事をしていると、慣れによって作業を省略してしまうことがあります。省略することで、必要なものが見えなくなってしまいます。私は現地を実際に見て歩くことで、いろいろと気づくことができたのです。

6 自社保有の賃貸住宅入居率改善

ある貸主の業者から、賃貸住宅の入居率が悪いという相談を受けました。仲介業者にも依頼しているが、反響が悪いのでなんとかしたいというのです。

早速、現地を見せてもらうと、ファミリータイプとワンルームの2種類のマンションでした。ファミリータイプは汚れがひどく、改装が必要なのは明らかでした。ワンルームも一見きれいでしたが、よく見ると汚れていて、掃除をする必要があります。

私は貸主と一緒に行動することにしました。仲介業者頼みではなく、貸主が自ら動いて、チャンスをつかむことが重要だと考えたからです。

現地に募集看板を設置し、部屋の清掃（ワンルーム）を行い、1日かけて、きれいな部屋に生まれ変わらせました。次に付近の生活施設や交通機関の資料を作成しました。

営業活動は毎週1回、4週連続で行うこととし、貸主の社員2人と当社の社員1人の計3人を担当としました。対象エリアを4区分し、1人ずつ分担するエリアを回ることにしたのです。午前中はチラシを配布しました。チラシをゼロから作成し、配布するエリアごとに、紙の色を変えました。午後は同じエリアの病院、福祉施設、会社、工場の飛び込み訪問を行いました。1日かけてチラシ配布と飛び込み営業を行うと、精神的にも肉体的にもかなり疲れるものです。結局その時に成果は上がりませんでしたが、貸主の営業社員の取り組む姿勢が、以前に比べて積極的になりました。そのエリアを歩き回った結果として、地理もよくわかり、現在の市場がどのような状態になっているかも理解することができたのです。

第9編

新しい不動産コンサルティングへの提案

1 不動産コンサルティングへの道のり

私は平成12年から、報酬を得て不動産コンサルティングを行っています。同じころ、周りにも不動産コンサルティングに取り組んでいる人はいましたが、報酬はもらっていませんでした。理由は、不動産コンサルティングというものがよくわかっておらず、無料相談の延長のような形だととらえていたのです。

私は不動産業者の団体に所属していますが、そのなかでも、有料で不動産コンサルティングを行う人はまだ見当たりませんでした。

そこで不動産コンサルティングを何とか普及させるため、勉強会を発足させました。勉強会の講師となり、不動産コンサルティングの仕組みや、報酬をどのようにしたら受領できるのかなどについて、参加者に詳しく教えました。毎回テーマを変え、実際に行った事例についても資料を配り説明しました。

ところが勉強会を2年近く継続しても、結局、参加者の中から報酬を得る不動産コンサルティングを開始する者は現れませんでした。

不動産コンサルティングを普及するためには、一体どうしたらいいのだろうかと考え、ほかの業者と一緒に取り組む仕組みを作ることにしました。行動するきっかけが必要だと考えたのです。

2　共同コンサルティング①

相談、問題点の把握、調査、現状の分析、対策、企画提案書の作成、実行の各項目について学んでもらい、協力して業務を進める仕組みが必要でした。

まず考えたのは、ほかの不動産業者から悩みを抱えた顧客を紹介してもらい、当社が顧客と直接不動産コンサルティング契約を締結する方法です。

この方法は、なかなか浸透しませんでした。後からわかったのですが、多くの不動産業者は、不動産コンサルティングだけでなく、その顧客に関わる仕事全部をとられてしまうのではないかと心配していたようなのです。こちらの目的は不動産コンサルティングの普及にあったのに、それがきちんと伝わらずに不安を抱かせてしまったことが、ようやく理解できたのです。

そこで、最初から最後までほかの不動産業者と一緒に業務に当たる不動産共同コンサルティングの仕組みを作ることにしました。調査に共同で当たり、調査の方法を覚えてもらうとともに、調査報告を基に、問題点を整理し、解決法を提案する方法を知ってもらいます。最初の相談から、調査、提案書の作成、交渉方法と一連の手続きを身につけてもらうための仕組みです。

3 共同コンサルティング②

共同コンサルティングの事例です。

私は、毎月定期的に訪問している不動産業者があります。先ほどの勉強会の中で、一緒に不動産コンサルティングに取り組みましょうと以前から話していたのです。

その不動産業者から、当社に相談がきました。依頼者は地主の方です。所有している底地について、借地契約書を作成したいというのです。借地人は2人で、そのうちの1人が、借地上の借地権付住宅に居住しています。もう1人の所在を、地主は知りません。そのもう1人の所在を探す業務も、併せて依頼されました。

不動産業者の担当者は、まずは借地人に手紙を送り、それから訪問しようと提案してきました。でも私はすぐに、借地人の1人を訪問することにしようと言いました。借地人に事情を話し、借地契約書を作成したいと説明したうえで、もう1人の借地人の所在も尋ねました。

所在不明だと思っていたもう1人は、近所に住んでいることがわかりました。こちらにもすぐに訪問し、同じように説明しました。結局、借地契約書を作成することを、2人とも了承してくれました。後日改めて集まってもらい、借地契約書に署名捺印してもらいました。ちなみに、将来、借地人が借地権を売却する際には、地主に購入の意向があることも伝えました。

借地の場合、借地契約書を作成していないことも少なくありません。ただし、地主、借地人とも相続が発生し、途中で事情が変わってしまうこともあり得ます。借地契約書を作成することで、地主、借地人とも、将来のトラブルに備えることができるのです。

4　共同コンサルティング③

かつて共同で不動産コンサルティングを行った会社から、再度相談がありました。知り合いの会社が保有している分譲マンションの区分所有権売却について、相談に乗ってほしいというのです。

話を聞いてみると、相談してきた会社は分譲主で、全区分所有権の半分を分譲時から保有していました。驚いたのは、当該マンションには管理規約がなく、管理組合も事実上機能していませんでした。はじめに相談を受けた不動産業者がすでに調査を行っていましたが、解決策が見つからず、停滞していたのです。

私はその不動産業者と一緒に相談者に会いました。このままでは区分所有権を売却できないので、不動産業者と共同でコンサルティングに当たることを提案、了承してもらいました。

まず、区分所有法などのマンションに関する法律を調べ、修繕積立金についても調査を開始しました。図書館も複数調査し、住まいの情報センター、官公庁も何回も訪ねました。疑問点があれば、内容が理解できるまで徹底的に調べます。調べれば調べるほど、新しい疑問点や課題が次々と出てきます。結局、調査報告書を3回提出し、ようやく売却するための条件整備ができたのです。

5　不動産アドバイザリー契約

この事例も、勉強会を通じて交流のあった不動産業者からの依頼です。

その不動産業者は、ある地主から相談を受けて、不動産コンサルティングを行うことになりました。ところが賃貸借については専門だったものの、借地については経験が少なかったため、当社にアドバイスしてほしいと依頼してきたのです。いわゆるアドバイザリー契約の依頼です。

地主からの相談内容は、不動産の底地に関するものでした。地主と不動産業者の打合せ内容について連絡を受け、助言します。各種関係人の権利調整、権利の評価、契約書・各種書類の作成に関する助言など、不動産コンサルティング業務の全般に関するアドバイスを行いました。

不動産コンサルティングに取り組みたいが、具体的な方法や進め方がわからないという場合、経験のある業者とアドバイザリー契約を結ぶのは有効な方法です。不動産コンサルティング契約の新しい形であり、今後ますます増えてくる可能性があります。

第10編

ある土地所有者からの相談

1　市場調査

私は10年ほど前に、ある土地の所有者と出会いました。街づくりに関する勉強会に、講師として招かれた時のことです。勉強会で何度か話をし、そのうちに具体的な相談を受けました。親族と共有している不動産を分割して単独所有にしたいのだが、話が進まずに困っているというのです。

まず、所有不動産の調査を行いました。法務局や官公庁で基本的な調査を行い、相続税額の概算を計算、周辺の相場についても調べました。付近の駐車場賃料と空き状況、さらに新築賃貸住宅の間取りや、面積と入居状況なども確認しました。

次に、遺産分割協議の方法や共有の場合の問題点、さらに解決方法に関する事例を集めました。共有を単独所有に変える手続きに、思いのほか時間がかかることがよくわかりました。

さらに、土地を有効活用する方法についても提案しました。基本的には事業用定期借地権を中心とした定期借地権を活用し、医療機関や、高齢者施設、鍼灸、動物病院などに貸すことを考えました。

2　月極駐車場の土地を一時貸出し

土地の共有問題のコンサルティングを行っているなかで、月極駐車場を別の用途に活用した事例です。マンションの販売業者から、モデルルームの販売事務所及び駐車場として、この地主が所有している駐車場を一時使用したいという申し出があったのです。

早速、一時使用の契約書を探しましたが、資材置場の契約書しか見当たりません。インターネットや図書館で探しても、契約書の書式は出てきませんでした。偶然にも、いつもお世話になっている別の地主が、マンションのモデルルーム用地として土地を貸していることを知り、事情を説明して書類を見せてもらいました。

契約は、公正証書で結ばれていました。理由は、金銭の支払に不履行があった場合には、強制執行することができるからだそうです。

私はその公正証書を参考に、一時使用の契約書を作成しました。主な内容としては、まず、分譲マンションの建設及び販売に伴うモデルルーム及び事務所用地以外には使用しないこと。また、期間は1年間、延長は1カ月単位で行い、最大6カ月間としました。禁止行為も取り決めました。本物件の全部または一部の賃借権の譲渡や、第三者に転貸することを禁止しました。危険な行為や近隣に迷惑な行為、犬猫等の動物の飼育も禁止事項としました。

解約時には、元の状態に戻すこと、明け渡す時に造作の買取りや、金銭請求が一切できないことも明記しました。明渡し後、1カ月以内に保証金を返還することも定めました。

3　不動産の分割の裁判

そもそもの相談内容であった、共有している不動産を単独所有にしたいという案件に、話を戻します。地主は、できれば話合いで解決したいというので、当社から共有者に連絡を取ることにしました。ところが、手紙を送っても電話をかけても何の反応もなく、結局連絡がつくまでに1年以上かかってしまいました。

ようやく1回だけ会うことができましたが、共有者の態度はかたくなで、話合いにすらなりません。このままでは何も進展がないことを依頼者に説明をし、裁判による解決を図ることで了承を得ました。

それでも、裁判は2カ月に1回のペースで行われるため、なかなか事態は進みません。当社には依頼者と弁護士との間を調整するという役割もあり、最低でも月に1回は依頼者と弁護士を訪問し、スムーズに裁判が進むよういろいろと取り計らいました。裁判所にも同行しました。ただ当事者ではないので、裁判の調停が終わってから、裁判所で状況を確認するしかありませんでした。

調停は一進一退が続きました。だんだんと依頼者は不安になってきます。落ち込まないように元気づけながら、裁判を続ける必要があります。

結局いくら時間がかかっても、一つ一つ解決していくしか方法はありませんでした。分割後の登記についても、かなりの年数が経過したため当時とは状況が変化し、難しくなっています。司法書士に、合計4回法務局への打合せに行ってもらいました。法務局の担当者も異動で変わり、法律の改正などでルールも変わります。司法書士との連携をスムーズに行うことが重要です。

結局3年近くかかり、ようやく合意に達することができました。

4　借地契約書の作成

共有物分割の裁判が完了した後、同じ地主から、借地が3件あるが、借地契約書がないので作成したいという依頼を受けました。

早速、借地人を訪問すると、実は10年前に借地契約書を作成していたことが判明しました。ただ10年の間に、土地の所有形態は共有から単独所有になり、区画整理の換地処分も完了していました。そこで新たに契約書を作成することで、借地人に了承を得たのです。

新規に作成する借地契約書は、10年前の借地契約書の文書を取り入れた契約書とし、最初の契約から現在までの変化が簡単にわかるようにしました。現賃貸人と現賃借人の契約の開始時期と、目的も明記しました。

また、新たに承諾料の項目を追加しました。借地権を第三者に譲渡する場合の譲渡承諾料と、新築、改装や増築するときの承諾料についてです。次回の更新時に更新料を支払うことも加えました。

依頼者の希望は借地契約書を作成し、将来、地代の値上げができるようにしたいということでした。そこで、経済変動、公租公課、近隣の賃料との比較により、現在の賃料が不相応となった時に、交渉できるという条項も追加しました。

借地契約書がない、あるいは借家契約書がないという話はよく耳にします。契約書を作るのも、不動産コンサルタントの仕事です。

5 共有分割の成立から再裁判

先ほども述べたとおり、土地の所有形態を共有から単独所有にするための調停は、3年かかって合意に達しました。そこで調停の和解調書に基づき、共有から単独所有へ変える登記手続きに入りました。この時予想していなかったトラブルが発生したのです。

1筆の土地について、分筆して2つの土地にする登記手続きに入ろうと、共有の相手方に連絡しました。ところが登記の書類に捺印することを拒否されたのです。

調停の和解調書では、相手が協力しないと登記できません。弁護士や司法書士に相談しましたが、今まで経験したことがない事態なので、どうすればいいのかわからないとのことでした。

私は図書館に通い、調停後の登記について調べた結果、ようやく代位登記という方法で、登記できる可能性があることを見つけました。相手が協力しない場合、裁判の判決に基づいて、登記ができるらしいのです。弁護士や司法書士にこの代位登記を検討してほしいと申入れをし、ようやく方針が固まったのです。

再裁判に、さらに半年以上かかりましたが、判決をもらってようやく登記手続きが完了しました。

6 使用貸借解消

調停が終わり、登記手続きも完了して、土地はようやく単独名義になりました。今度は、建物が第三者名義になっており、しかも土地の使用料が極端に低く、固定資産税程度しか受け取っていないことが判明しました。

調査すると戦前からこの状態が続いていて、建物はかつての持ち主から相続されていることがわかりました。弁護士に相談したところ、使用貸借に近い形態であるということでした。

問題となるのは、相続が発生した時です。使用貸借の場合、相続税については更地として評価されてしまいます。売却しようとしても、第三者が建物を所有していて、固定資産税程度の使用料しかもらっていないわけですから、極端に価格を下げても売れるかどうかわかりません。仮に使用貸借を解消するため裁判を起こした場合、裁判費用が高額になり、しかも期間は2年以上かかるだろうと言われたのです。

依頼者としては、すでに裁判に多額の費用を支払い、長い期間がかかったことで、もう裁判はやめてほしいと考えていました。そこで私は建物の所有者と話し合い、時間はかかりましたが、何とか解決することができました。

土地の使用貸借は、借主にとって有利になっていることが多く、交渉は非常に難しいものです。どのように進めていくか、どの順番で解決していくのかに頭を悩ませます。依頼者と打合せをする際には、内容を文章にしたうえで説明し、承諾を得ながら交渉を進める必要があります。

7　不動産取得後の借家契約書作成と駐車場契約書作成

土地の使用貸借状態は、1年近くかけてようやく解消しました。相手方とは手紙や電話、さらには訪問を繰り返し説得して、なんとか円満に解決できました。

建物は、土地と同様に依頼者の名義となりました。建物には複数の借家人がいて、駐車場も別の借主に貸しています。

前所有者は、借家人や駐車場の借主との賃貸借契約書は、1通も保有していませんでした。借家人と、駐車場の借主を訪問し、所有者（貸主）の変更と、賃料の振込先の変更の書類を持参して、説明に回る必要がありました。

　まず困ったのは、前所有者は家賃を訪問して集金していたため、居住者の電話番号すら知らなかったのです。私は現地への訪問を繰り返し、本人たちと会う機会を探しました。そしてようやく、全借家人及び駐車場の借主と連絡を取ることができたのです。

　契約書がないため、それぞれにこれまでの経過を教えてもらい、現在の状況についても確認しました。すると借家人の中には長年居住している人が多く、そのうちの1人は、親の代から居住していることなどがわかりました。また建物内外の修理は、借家人全員の負担で行っているということでした。

　築年数が70年近く経過しているため、新しい借家契約の期間は、建物の耐用年数を超えています。そこで今後も、建物の内外の修理や、設備の入替えなどを貸主が行わないこととし、その旨を契約書に明記しました。

事例編

契約日付	平成14年12月
金額	150万円
内容	マンション分譲前のマーケティング調査
詳細	販売重点地域の詳細調査、近隣の販売状況調査、現地調査 モデルルーム用地の確保
キーワード	市場調査、モデルルームの用地探し
ポイント	調査は徒歩で行う
きっかけ	既契約者（不動産業者）
リンク（応用）	戸建て、マンション分譲前、分譲中にも応用できる
難易度	中
コンサルの可能性	高
作成書類	コンサル契約書　他（調査報告書）

概要

コンサルティングを受託するまで

マンションを分譲する前に市場調査を行ってほしいという依頼を受けた。

受託から完了まで

現地で、近隣の新築分譲マンションの販売状況と、販売重点地域を調査した。また、生活マップを作成。町名別5歳別の人口や、付近の賃貸住宅の間取り、家賃、中古マンションの間取りと価格も確認しながら調査した。

提案書　調査報告書類の作成のポイント

マンション分譲をする前に、近隣の販売中のマンションの状況や、マンションの所在する学校区（小学校区）を中心に、生活公共施設等の調査を行い、販売方法について提案する。

その他

コンサル契約を受託して調査を進めていくなかで、事業主からモデルルーム用地を確保してほしいという依頼があった。何回も現地を歩いていたので候補地のめぼしがつけられ、その土地を管理している不動産業者と交渉し借りることができた。

契約日付　平成20年12月

金額　40万円

内容　自社保有の不動産４軒の売却に関する営業方法の提案
「事業手法――応用――販売サポート」

詳細　不動産売却に関する個別の提案

キーワード　不動産売却の提案

ポイント　不動産業者への提案

きっかけ　不動産業者

リンク（応用）　建売業者、分譲業者の未売却の物件の販売

難易度　中

コンサルの可能性　高

作成書類　コンサル契約書、借地契約書、覚書、合意書、他

概要

コンサルティングを受託するまで

不動産の勉強会で何度か話をしたことがある不動産業者から、相談のメールをもらった。

自社保有の不動産（建売住宅及び買取中古住宅）に、1年以上売れていない物件がある。価格も下げて、

原価または原価割れになっている。考えられる対策を行ってきたが、効果が出ていない。

受託から完了まで

相談のあった不動産業者は、数十年の経験がある。その業者が、考えられる対策をとってきたのに、効果が上がらないという。そこで物件そのものの状況を、一から洗い直す方法をとった。

どの物件も、現地を見る（内部とも）、周辺を見る、付近の交通機関の駅を見る、市役所で調査する――という4つの調査を実施。すでに不動産業者が行っていたからといって省略するのではなく、改めて実施することで、物件の長所、短所を浮かび上がらせる。その上で、物件ごとの対策を提案した。現地を見ることの重要性を再認識した。

提案書　調査報告書類の作成のポイント

提案書は、現地や周辺の調査に基づき、物件ごとの販売方法を提案した。また、各物件の販売方法について、営業活動一覧表に基づいた進め方を説明した。

その他

不動産業界の不況はますます深刻になってきている。建売業者や分譲業者だけでなく、不動産の仲介業者も売れない悩みを持っている。この悩みに対して、具体的な販売方法を提案するのが不動産コンサルティングだ。

平成20年12月13日

合同会社　不動産コンサル神戸
代表社員　石田　正敏

企画提案書

1　目的
自社保有の不動産４軒の売却に関する営業の方法の提案を行う。

2　これまでの経過
①自社の建売物件がある。平成21年２月で築１年となる（役所から表示登記を行うように連絡がきている）。
②中古住宅の買取物件がある。物件によっては、１年以上売れていない物件がある。
③①、②とも原価ぎりぎり、または原価割れしているものもある。
④今まで価格の引下げを含めて、手を尽くしてきたが効果が出ていない。
⑤不動産市場は、予想を上回る速度で悪くなっているので、早急に在庫物件の販売を行いたい。

3　今後の進め方
1．販売の具体策を考えるために、現地の物件を調査する。
2．現地では、建物の周り、建物の内部及び周辺の調査と具体的な対策を行うことを指示する。
3．現地以外では、交通機関及び市役所、区役所の調査を行う。
4．写真撮影も現地で行う（建物外部、内部）。
5．現地調査を終えた後、物件カード、チラシ作成、ＨＰの内容などについて、物件ごとに方法を書面化する。
6．各物件の販売方法について、営業活動一覧表での進め方を説明する。
7．年内に最低１回以上、具体的営業活動に入れるようにする。

4　コンサルティング報酬　40万円（１物件当たり10万円）
各物件の販売方法の書面化と打合せの後、１週間以内に支払い

事例 1－3

契約日付　平成21年10月

金額　15万円

内容　不動産業者の市場調査「事業手法――応用――販売サポート」

詳細　地域密着型の不動産仲介業者に対して販売方法の提案

キーワード　権利調整　他（市場調査）

ポイント　不動産業者に対して、販売のための市場調査

きっかけ　不動産業者

リンク（応用）　不動産に関連する業者全般に対応できる

難易度　中

コンサルの可能性　高

作成書類　コンサル契約書　借地契約書　覚書　他（市場調査報告書）

概要

コンサルティングを受託するまで

地域密着型の不動産業者が、現在行っている営業から、もう一段掘り下げた販売手法を確立したいと考えていた。当社から市場調査を提案した。

受託から完了まで

依頼の不動産業者は、売買仲介を中心に業務を行っており、これまでにも様々な工夫、改善を行ってきた。経営者として、もう一歩掘り下げた販売手法を求めていたが、なかなかいい案が思い浮かばなかった。

市場調査は、依頼者の考えている形が、具体化するような形を目指した。

分譲マンションや賃貸住宅の異動を住宅地図から調査した。特に、10年前、5年前、現在の異動を調べると、予想以上の動きがあることがわかった。その他の調査でも、いろいろなことが判明した。

提案書　調査報告書類の作成のポイント

単なる市場調査ではなく、実務に役立つための市場調査という視点で行う。

その他

プロの不動産業者であっても、長年同じ場所で業務を行っていると、マンネリに陥ることもある。

第三者によって、しかも実務的な視点からの市場調査を行う必要がある。これは、第一線で働いているものでないとできない業務である。

契約日付	平成18年9月
金額	100万円（各社 50万円）
内容	借地権と転借地権・地主との対応
詳細	共同コンサルティングによる使用貸借の解消
キーワード	使用貸借
ポイント	使用貸借の解約は時間がかかる
きっかけ	既契約者
リンク（応用）	相続不動産の事前調査
難易度	高
コンサルの可能性	高
作成書類	コンサル契約書

概要

コンサルティングを受託するまで

以前、共同でコンサルティングを行った不動産業者から相談があった。管理している物件の家主が、親戚に土地を貸しているが地代をもらっていないので、その状態を解消したいとのこと。

受託から完了まで

調査の過程でわかったのだが、土地は借地だった。震災前に賃貸住宅が建っていたが倒壊し、建物が残っているのは使用貸借の部分のみという状態。地主を訪問したら、転貸の事実は知っていたが、そのことについて意義を申し立てる気はないという。ただ、地主からも変則的な状態を早急に解決するように要望された。早速、交渉に入ったが、相手は全く応じない。最終的に弁護士に依頼し、使用貸借に基づく建物明渡しの裁判を起こし解決した。

提案書　調査報告書類の作成のポイント

共同コンサルティング提案書とし、今までの状況（地代を受け取っていない）の確認と、進め方を提案。当社が交渉を行うが、進展がない場合、弁護士に依頼することも明記した。

その他

土地を貸していて、地代をもらっていない場合、または、もらっていても固定資産税程度の場合、使用貸借になる。裁判を行っても、即立退きが認められるわけではなく、解決には時間がかかる。

平成18年9月24日

共同コンサルティング企画提案書

借地人C　様

当社　○○　○○
A社　○○　○○

1．現地は地主法人Bより借地人Cが借地しているが、借地上に転借地人Dの建物が昭和○○年に保存登記されている。
（相続が発生している。　相続人4人）

2．形としては転借地となるが、一度も地代を受領していない。

3．地主は基本的に転借地は認めないものと思われる。

4．転借地人が時効取得を主張すると、問題は複雑かつ長期化する可能性がある。

＜進め方＞

1．地主と協議を行う（転借地となった時の地主の考えも確認。他各種の問題点も協議）。

2．弁護士に相談を行う（転借地人Dに対する方針の打合せ、基本は使用貸借で進める。時効取得対策も併せて確認）。

3．転借地人D宅を当社が訪問。地主及び弁護士との打合せの方針を伝える。

4．話合いで結論が出ないときは弁護士に依頼する（裁判、調停）。

5．転借地人D宅の立退きまでの手続きを行う。

報酬額　転借地人D宅　立退き完了時　100万円（各社1/2　50万円）

契約日付	平成19年3月
金額	１００万円（ただし共同のため50万円）
内容	共同コンサルティング
詳細	借地人の立場で借地権の価値を上げる
キーワード	借地
ポイント	地主との交渉
きっかけ	紹介（不動産業者）
リンク（応用）	借地及び底地の価値を上げる
難易度	高
コンサルの可能性	高
作成書類	コンサル契約書
概要	

コンサルティングを受託するまで

知り合いの不動産業者から相談を受けた。その業者はある借地人から相談を受けていた。借地人が直接地主側の不動産業者を訪問し、借地権を返却したいと相談したところ、更地にして返すよう言われたのだという。鉄筋コンクリート造の建物のため、解体には約１０００万円の費用がかかる。

受託から完了まで

借地権を返却するのに、入金どころか、約１０００万円の出費が必要となるという。そこで借地権を第三者に売却することとし、地主にはその許可を申し入れた。売却予定価格も明記した。

地主から、借地権を第三者に売却することについて了解が得られた。その上で、地主自身が、売却予定価格から更新料等を差し引いた金額で購入したいとの申し入れがあり、その内容で承諾した。

提案書　調査報告書類の作成のポイント

地主側にも不動産業者がいるため、交渉の方法を間違えると、話が全く逆の方向に進んでしまう。地主が購入する可能性のある金額を提示した。

その他

共同コンサルティングという形式で行った。実際の業務については単独で動くことも多かったが、依頼者との打合せなどは共同で行った。

共同コンサルティング企画提案書

平成19年1月7日

B　　様

当社　○○　○○
A社　○○　○○

1．依頼者の希望
①借地権を現状の建物付きのまま、借地人の出費無しで地主に返還したい。
②上記の条件で地主に申し入れると、更地返還を要求される可能性がある。その場合、建物の解体費用約1,000万円を借地人が負担する必要がある。

2．これからの進め方
①依頼者より地主との交渉に関する委任状を頂く。
②地主との交渉について、地主側に不動産業者（C社）がいるため、交渉は慎重かつ的確に進める必要がある。
③公証役場で土地賃貸借契約書を入手する（依頼者の委任状必要）。
④区役所で土地の固定資産税の公課証明（過去5年分）及び建物の公課証明を取得する（依頼者の委任状必要）。

3．交渉の段取り
①借地権付住宅を第三者に売却したい旨を伝える（名義変更料の確認）。
②第三者の売却に異議が出たときには、地主に購入を申し入れる。
③第三者に売却の場合、1,800万円から始める（更新料及び名義変更料必要）。地主が購入のときも、諸費用を差し引いて手取り500万円確保を目標とする。最低でも依頼者の出費が無しですむように交渉を行う。

事例 2-3

契約日付　平成21年4月

金額　30万円（各社　15万円）

内容　共同コンサルティング（借地契約書の作成）「事業手法――応用――借地」

詳細　共同で、借地人と借地契約の締結

キーワード　底地

ポイント　地主が借地人との直接の交渉がない。振込みのため、借地人の状況がわからない

きっかけ　不動産業者

リンク（応用）　借地契約書を作成していないところは多い。需要はある

難易度　中

コンサルの可能性　高

作成書類　借地契約書

概要

コンサルティングを受託するまで

ある会社が開催している不動産の勉強会のなかで、不動産コンサルティングの話をしたことがある。その会社の顧客から、借地に関する相談が同社に持ちかけられ、当社へ相談がきた。

受託から完了まで

依頼者である地主と会ったところ、借地人2人のうち、当該建物に居住しているのは1人だけ。もう1人の借主がどこに住んでいるのかは、地主も知らなかった。

居住中の借地人を訪問、借地契約書を締結したい旨を伝えた。さらに、もう1人の借地人の所在を聞いたら、幸いに近くに住んでいることがわかり、すぐに訪問。後日2人に集まってもらい、借地契約を締結した。また、将来的に地主が借地権を購入したいと考えていることを伝え、了承を得た。

提案書　調査報告書類の作成のポイント

依頼者の要望と2人の借地人に対する対応。2人のうち1人の借地人は、地主が所在を知らなかったため、その調査も請け負うこととした。

その他

借地契約は、締結されていない場合も多い。今回のケースでも、長年の間に地主、借地人共に相続が発生していたが、直接の交渉がないため、互いに知らなかった。

借地契約を締結することにより、いろいろな問題が解決するきっかけになる。

平成21年4月15日
A社
合同会社　不動産コンサル神戸

共同コンサルティング企画提案書

1）依頼者の要望
1．依頼者の所有している土地（貸地）上の、借地人と借地契約書を作成し、借地契約を締結したい。
当初は口約束で貸していた。3軒あった貸地のうち2軒は既に売却済み。借地人は2名共有で登記されている（Aさん、Bさん）。
借地人のAさんは亡くなり、奥さんが居住している。子供はいると思うがよくわからない。

2）これからの進め方
1．Aさん
①奥さんと面談、子供さんについても確認する。借地契約を締結する際、対象者が奥さん、子供さんなど複数いて相続未了の場合は、代表者と契約する。
②Bさんの所在確認
③建物の2階部分を増築した時期を確認

2．Bさん
①所在が判明すれば、本人または本人が亡くなっている場合、相続人と面談
②可能であれば、Aさん、Bさんの共有の借地権を、いずれは地主が買い戻したい意向を伝える（今回のコンサル手続きからは、対象外とする）。

3．借地契約書締結後
①Aさんの奥さんが亡くなった時点で、地主が借地権を買い戻したい意向があることを伝える。

物件の表示
宅地○○㎡の一部貸地
(家屋番号　○○○○　)

報酬
Aさん、Bさんとの借地契約書締結時2社で30万円（消費税込み）

契約日付	平成24年8月
金額	17・5万円（各社8・75万円）
内容	相続人が把握できていない不動産の調査
詳細	共同コンサルティング
キーワード	底地（貸家）
ポイント	相続物件の調査
きっかけ	紹介
リンク（応用）	相続する前の調査は、重要になってくる
難易度	高
コンサルの可能性	高
作成書類	コンサル契約書

概要

コンサルティングを受託するまで

以前に不動産業者を通じて取引をした方からの紹介。父親名義の不動産があり、相続が発生した場合の対応について相談したいという依頼。

受託から完了まで

相談を受け、当初は2物件の不動産コンサルティングを受託した。すぐに現地と官公庁の調査を実施。結果に基づいて、依頼者から重ねて様々な依頼があった。できるだけ短期に調査完了するため早急に行動し、期限内に完了することができた。

提案書　調査報告書類の作成のポイント

調査する内容を箇条書きにした。法務局や市役所を調査し、借地人や借家人を特定。不動産についても詳細を把握し、問題点を明確にした上で、解決方法を提案した。

その他

不動産を所有している人にとって、問題点や課題点を明確にするのは重要なこと。今、この点についてサポートを求めている人が多いのも事実だ。

平成24年8月2日

B　　様

A社

合同会社　不動産コンサル神戸

石田　正敏

共同コンサルティング企画提案書

＜現在の状況＞

所有不動産について一覧表を受け取りました。地番表示だったので、住居表示をお願いしましたが、わからないということでした。唯一、○○市○○区の住居表示は判明しています。

＜これからの進め方＞

1．借主の名前もその内容も、現状ほとんどわからない状況です。賃貸借契約書等を見せていただいて内容を把握します。

2．現地の特定を行い、問題点を把握します。

①法務局で土地謄本、公図及び建物謄本を取得します。

②市役所の固定資産税課で、土地地番図及び建物家屋番号図を調査します。

③①と②を照合します。さらに住宅地図との照合を行い、現地を特定の上調査します。

④現地調査を行い問題点を把握します。

3．借地人、借家人の内容を把握します。

通帳の入金状況から、借地人、借家人の名前を確認、また滞納のあるなしを調査します。

4．物件の特定ができれば不動産評価を調査します。

5．○○市○○区、○○市と広い範囲の調査となります。

6．調査に必要な書類は、B様の委任状、B様の任意後見人の証明書（写）

固定資産税納付書、家賃、地代の内容がわかる書類他です。

＜不動産コンサルティング報酬＞

17.5万円（2社で折半）

物件の内容及び物件の特定と物件の相場を調査し、問題点を把握して対策を提案します。

事例　3－1

契約日付	平成21年1月
金額	5万円
内容	不動産アドバイザリー契約「事業手法——応用——アドバイザリー」
詳細	借地人に対するアドバイス
キーワード	底地（貸地）借地　貸家　駐車場　権利調整他
ポイント	地代及び借地契約書のアドバイス
きっかけ	不動産業者
リンク（応用）	借地だけでなく貸家にも応用できる
難易度	中
コンサルの可能性	中
作成書類	借地契約書

概要

コンサルティングを受託するまで

知り合いの不動産業者から相談があった。建物の賃貸借を中心に営業している。その分野については専門だが、借地についての概要はわかっているものの詳細な部分はわからないので、アドバイスしてほしいとのこと。

受託から完了まで

ある地主からその不動産業者に、保有している底地について相談があった。底地の地代や、契約書の内容についてアドバイスしてほしいとのこと。地代について付近の事例なども調べ、適正な地代や、契約書の内容についてアドバイスした。

提案書　調査報告書類の作成のポイント

アドバイザリー契約としては、比較的短期間で処理ができた事案。

その他

具体的な内容についてのアドバイスを求められる機会が、今後も増えてくる。単なるアドバイスではなく、コンサルティングの一環として、有料で引き受ける形が増えてくることが予想される。

事例　3－2

契約日付	平成22年2月
金額	80万円
内容	不動産の販売の対象の絞込み
詳細	不動産アドバイザリー契約
キーワード	販売協力
ポイント	長期にわたって販売できなかった不動産販売協力
きっかけ	既契約者（不動産業者）
リンク（応用）	販売が難しい物件
難易度	高
コンサルの可能性	中
作成書類	不動産アドバイザリー業務委託契約書

概要

コンサルティングを受託するまで

過去に数回取引を行った不動産業者から相談を受けた。ある物件について売買の仲介を行っているが、なかなか話が進まないので、協力してほしいとのこと。

受託から完了まで

当該物件は市街化調整区域にあり、法律上、業種制限を受けていた。飲食業しか開業できないという業種制限で、販売する上でかなり大きな障害だと思われる。

飲食業関連で考えたキーワードは、健康、医療、飲食業のチェーン店。また、事業用不動産に関する知識を踏まえつつ、職業別電話帳の利用などを提案した。不動産業者は提案を参考に、買主を見つけることができた。

提案書　調査報告書類の作成のポイント

調査報告書は、全部で5回提案した。

飲食業全般の情報を収集し分析。飲食業のチェーン店調査。ＨＰや職業別電話帳の活用、他のセミナーで聞いた事業用不動産の内容などをまとめ、提案書として提出した。

その他

売却しにくい不動産は、数多くある。その中でもテナント系の売却は、住宅に比べて難しい。さらに業種が制限されていると、条件は一段と厳しくなる。目標の絞込みをきちんと行う必要がある。

事例 3-2
業務委託契約書（例）

不動産アドバイザリー業務委託契約書

委託者　A社（以下「甲」という。）と受託者　当社（以下「乙」という。）は、甲が受託した不動産コンサルティング業務（以下「本件業務」という。）に関して、支援業務として不動産アドバイザリー契約を締結した。本契約の成立を証するため、本書2通を作成し、甲、乙、各自記名（署名）捺印の上、甲、乙各1通を保有する。

第1条（契約の目的）

乙は甲が受託した末尾表示の不動産コンサルティング業務（以下「本件業務」という。）に必要な支援業務を行うものとする。

第2条（契約期間）

本契約は本契約締結日から3カ月とし、委託者、受託者協議の上、延長できるものとする。

第3条（権利義務の譲渡）

乙は、この契約により生ずる権利または義務を第三者に譲渡し、または継承させてはならない。

第4条（一括委託の禁止）

乙は業務の全部または主たる部分を一括して第三者に委託してはならない。ただし、あらかじめ甲の承諾を得た場合はこの限りではない。

第5条（専門家への依頼）

乙は本契約上の業務を履行するために、税理士、弁護士その他専門家の協力を得る必要があるときは、当該専門家を甲に紹介する。

2　前項費用に関しては、甲の負担とする。

第6条（秘密保持義務）

乙は甲の承諾なく本契約における業務上知り得た内容について、本契約の有効期間はもちろん、契約終了後も正当な理由なく第三者に漏らしてはならない。

第7条（委託料）

甲は乙の第1条の定めによる業務について、委託料として業務完了時に金○○万円（消費税込み）を支払う。この報酬額は乙が行う調査費、交通費、各種書類作成費等、提案のために要した経費も含むものとし、別途費用がかかる場合は、甲、乙、協議の上決定するものとする。

第８条（業務内容の変更）

甲から乙に本契約締結後追加業務（追加調査事項を含む。）を依頼し、また社会的経済的環境の変化その他の事由により本契約の内容を変更することが適当と判断したときは、相手方に対して速やかにその旨を通知しその変更についての協議を申し入れることができる。

第９条（契約解除）

甲は乙が委託業務にとりかかるまでは本契約を解除することができるものとする。甲が解除した場合は、甲は乙に調査にかかった実費を支払うものとする。乙は業務の完了が不可能となった場合は、甲、乙協議の上、本契約を解除することができるものとする。

第10条（本契約書作成費用）

本契約書作成に係る費用については甲、乙それぞれ負担するものとする。

第11条（協力義務等）

甲は乙が本契約の目的である業務を遂行するために行う各種の調査その他の行為について、乙が円滑にできるよう協力するものとする。

第12条（その他）

本契約に定めのない事項または疑義が生じた事項については、甲、乙は信義誠実を旨として協議決定する。

（本件業務）

甲が受託した不動産コンサルティング業務における、以下の助言

1．飲食業全般の情報収集と分析
2．外食産業の中で、ロードサイドの企業情報収集と分析
3．職業別電話帳の活用の提案
4．市街化調整区域での活用事例
5．ＨＰ活用の提案
6．販売に必要な情報の提供
7．情報の入手及びまとまり次第情報の提供

平成22年２月１日

甲　住所　〇〇〇〇
　　氏名　〇〇〇〇　　A社　印

乙　住所　〇〇〇〇
　　氏名　〇〇〇〇　　当社　印

事例　3－2

＜目的＞

土地付店舗付住宅有効活用及び売却に関するアドバイザリー契約

以前から、○○が上記物件を販売受託していたが、市街化調整区域内の建築物であり、用途制限があった。そのため販売が進まず、当社が不動産コンサルティングの要請を受けた。販売促進に寄与するため、販売のためのアドバイザリーを行う。

進め方

1．飲食業全般の情報収集と分析
2．外食産業の中で、ロードサイドの企業情報収集と分析
3．職業別電話帳の活用の提案
4．市街化調整区域での活用事例
5．ＨＰ活用の提案
6．販売に必要な情報の提供
7．情報の入手及びまとまり次第情報の提供

＊不動産コンサル報酬＊

不動産の売却完了時　受領仲介手数料の１/２

契約日付	平成23年1月
金額	10万円
内容	借地の地代値上げ
詳細	不動産アドバイザリー契約
キーワード	底地
ポイント	地代値上げのアドバイス
きっかけ	既契約者
リンク（応用）	地代及び賃料の値上げ
難易度	高
コンサルの可能性	高
作成書類	コンサル契約書
概要	

コンサルティングを受託するまで

以前にも相談を受けた方からの再度の相談。地代の値上げを考えており、今まで直接交渉を行ってきたが、うまくいかなかった。アドバイスを受けながら実現したいという。

受託から完了まで

これまで本人が借地人と地代の値上げ交渉を行ってきたが、不調だった。今までと同じ方法では前に進まないので、できるだけ資料を多く集めた上で、再度、交渉に当たることとした。

借地人に、地主の意向をきちんと伝えることはできた。ただし、借地人から承諾の回答を引き出すことはできなかった。話合いが不調に終わったため、弁護士に依頼することを決定し、アドバイザリー契約は完了した。

提案書　調査報告書類の作成のポイント

すでに本人が借地人と交渉していたが、まず過去の経緯を確認。問題点を明らかにした上で、対策を提案した。交渉に当たり、具体的な資料をできるだけ数多く集めることが必要だった。

その他

地代の値上げや賃貸住宅の賃料の値上げについては、当然、借地人や借家人の抵抗があるため、簡単には進まない。

平成23年1月6日

○○○○　様　　　　　　　　　　合同会社　不動産コンサル神戸

石田　正敏

企画提案書（不動産アドバイザリー契約）

1）今までの経過

依頼者からは、6～7年前にも一度相談を受けたが、その時は不動産の調査だけで終了した。

最近になり、地代について付近の地主に確認したところ、依頼者が貸している坪単価に比べ2倍～2.5倍前後が多いことが判明。弁護士に地代の値上げについて相談したが、明確な答えがもらえなかった。

2）依頼者の要望事項

1．今まで地代の値上げについて、借地人にほとんど受け入れてもらっていない。また、期間満了につき更新料の支払いを要求したが、受け入れてもらえなかった。

2．今年、次の満了期間がくる。地代が近隣の相場に比べて低すぎるので、地代の増額をしたい。

3．地代の増額を行うのに、増額の根拠となる法律や事例、計算の根拠など、借地人に説明できる資料を作成してほしい。借地人のBさんは、平成○年に再建築しているが、敷金を徴収したい。

4．基本的には、依頼者が借地人へ訪問して交渉を行うが、交渉にあたるときの書類の作成及び交渉の間に出てくる借地人への対応などについてのアドバイスを行ってほしい。

3）平成22年12月28日調査でわかった内容（法務局、市役所）

1．Aさん

①法務局で建物登記が2件あった。

②登記名義人の年齢が、登記時期から予想すると高齢のため、相続が発生している可能性がある。

③建物の築年数（約60年）が古いため建替えや、大規模な改装の可能性が

ある。

2．Bさん

①建物の増築登記の有無確認。

②建物の築年数（約40年）が古いため建替えや、大規模な改装の可能性がある。

③現状の建物に接している道路が建築基準法上の道路でないため再建築が難しい。

3．Cさん

①法務局では土地○番○の上の建物としては出てこない。
家屋番号が不明のため法務局では調査できない。

（区役所で建物番号を調べた上で、法務局で建物の所有者及び面積を調べるしか方法がない。）

②借地契約書の確認（震災後新築後）

③契約時から現在までの地代の変化の把握

＊今後の課題＊

①土地の固定資産税評価額の確認。現況では1つの土地になっているが、評価は広い道路の路線価からの計算となっている可能性がある。貸地で1つの土地になっているので敷地別と道路に分けることによって評価減につながる可能性がある。減額の場合5年間分還付の可能性がある。
（区役所で土地の評価証明取得）

4）これからの進め方

＊調査＊

1．土地の賃料変更についての法律及び事例（判例等）の調査
（地代値上げの根拠）

2．土地の相続税路線価と固定資産税路線価の現在とさかのぼって一番古い路線価調査（どれぐらいの率で上昇しているか及び公示地価の比較）

3．現在近辺の地代の調査及び駐車場の賃料調査
（相場と比較して、どれだけの差があるのかの証明のため）

5）具体的な借地人との進め方

①調査内容及び聞き取りした内容をもとに説明資料を作成する。

②借地人との交渉の第1回目に地代の増額を伝えると共に、客観的な資料

を借地人に提出する。

③借地人に対して、提出した書類について疑問や、質問があれば、書面にまとめて提出してもらう。

④借地人からの疑問や質問が出てくれば、それに対して文書で回答する。

文書での説明を行う理由

①今まで地代の増額だけでなく、更新料や承諾料についてもかなり苦労をされているようにうかがっている。口頭で説明しても、堂々めぐりで結局地代の増額ができない可能性が考えられる。

②地代の増額について、当社も以前何回も行ったが、かなり苦戦した。その経験からも文書による申出が一番可能性があると考えた。

③借地人も弁護士や法律相談または不動産業者に相談することを想定して、きちんとした文書を作成する必要がある。簡潔にわかりやすくする必要がある。

＜地代が値上げできる条件＞

1．土地に対する租税、その他の公課の増減
（税金の増減）

2．土地の価格の上昇・低下その他の経済事情の変動
（地価等の経済変動）

3．近傍類似の地代との比較
（近隣の賃料相場との比較）

事例 4－1

契約日付	平成18年4月
金額	50万円
内容	1棟空きビルの有効活用
詳細	市場調査による適合するテナントの提案
キーワード	貸家
ポイント	テナントビルの絞込みのための市場調査
きっかけ	既契約者（不動産業者）
リンク（応用）	テナントビル、事務所ビル他　空きテナントの借主探し
難易度	高
コンサルの可能性	高
作成書類	コンサル契約書　覚書

概要

コンサルティングを受託するまで

現地を何度か歩き回りテナントの状況を調べたが、なかなかいいアイディアが浮かばなかった。近隣の5歳別人口なども調査した。

多くの情報の中で、近くの駅まで5分以内という要素に焦点を絞った。いろいろなテナント候補が浮かんだが、付近で不足しているテナントや、需要が伸びているテナントという観点から、３つに絞り込んだ。

１つは高齢者向けのデイサービスを中心とする施設、１つはスポーツジム、１つは保育所だ。

提案書　調査報告書類の作成のポイント

テナントの絞込みのために、市場調査を業務の中心とした。現地を歩いただけでは、なかなかいい提案をすることができなかった。

その他

現在、どの都市でも空きビルや空き事務所は多い。居住用と異なり、特に事業用は賃料が高いため、長期間空きの状態が続くと、経営にも影響を与える。今まで行われていたテナント募集の看板や広告だけでは、なかなかその空きを埋めることが難しい。場所やビルに合うテナントを絞り込む作業が重要になってくる。１つのテナントビルで空きが埋まれば、同様の手法を他のビルにも応用できる。

平成18年4月7日

企画提案書

○○○○　様

合同会社　不動産コンサル神戸

石田　正敏

○○市○○区○○（旧○○）ビルの有効活用

建替えではなく、現状の建物を活用するための方法を提案する。

市場調査及びコンバージョンの事例を集めて活用方法を考える。

1．○○市○○区の現況（交通機関　乗降客データ含む）

2．○○市○○区周辺の人口（5歳別）

①20歳～55歳　　　○○○

②65歳以上　　　○○○

3．○○市○○区近辺の医療機関（動物病院、針灸マッサージ、接骨院を含む）の現況

4．○○市○○区周辺の高齢者施設の現況

5．○○市○○区新規開業テナント現地調査

6．既存ビルのコンバージョンの事例収集

企画提案料（調査報告書含む）　500,000円（税込み）

今回の物件が売却見込み、又は有効活用の見通しがついた時

（平成18年7月31日ごろを目途とする）

契約日付	平成23年12月
金額	10万円
内容	市場調査に同行して今後の業務に生かす
詳細	テナントビルの市場調査
キーワード	貸家　他（市場調査）
ポイント	市場調査の実際の方法をアドバイス
きっかけ	不動産業者
リンク（応用）	市場調査の方法はわかっているようで、わかっていない人が多い
難易度	中
コンサルの可能性	高
作成書類	コンサル契約書

概要

コンサルティングを受託するまで

ある不動産業者から相談を受けた。自社所有テナントビルの借主がなかなか見つからないので、対策を打ちたい。そこで同社の社員に対して、市場調査から販売までの方法についてアドバイスしてほしいという依頼だった。

受託から完了まで

市場調査を一緒に行った。書類による説明だけでは、伝わらないことが多い。一緒に行動することで、現場で確認し覚えることができる。

市役所の調査も上階から下階に向かい、関係のある部署を順番に回った。現地、物件も一緒に見て、市場調査の一連の流れを覚えてもらった。

提案書　調査報告書類の作成のポイント

市場調査を初めて行う人には、事前にどれだけ説明しても、なかなか理解してもらえない。市場調査の基本的な部分を説明した書類などもほとんどない。一緒に行動することで、市場調査の基本から覚えてもらうことができる。市場調査の実際の内容を把握してもらうための提案を行った。

その他

不動産業は、売買・賃貸を問わず間口が広い。必要な業務は幅が広く、奥行きも深い。市場調査には、不動産コンサルティングのあらゆる可能性が秘められている。

契約日付	平成24年1月
金額	30万円
内容	テナント入居者の絞込み
詳細	テナント
キーワード	テナント賃貸
ポイント	テナント募集のヒントさがし
きっかけ	不動産業者
リンク（応用）	テナントビルだけでなく事務所ビルにも応用可能
難易度	高
コンサルの可能性	高
作成書類	コンサル契約書

概要

コンサルティングを受託するまで

不動産業者を訪問し話をしている中で、保有テナントの賃貸入居者がなかなか決まらない、市場分析と具体的な営業活動についてのアドバイスが欲しいという依頼があった。

受託から完了まで

現地を訪れ、当該物件だけでなく、近隣の状況（特に官公庁の出先機関）や他のテナントの出店状況などを、依頼業者の社員と一緒に歩いて回った。テナント募集の場合、パソコンで集めた資料だけでは焦点を絞りにくく、いろいろな角度から見た情報が大切になってくる。現地は度々訪れたが、その度に、新しい発見があった。

提案書　調査報告書類の作成のポイント

市場調査のデータを基に、営業活動を計画した。

①テナントの借主別の顧客台帳を新たに作成
②該当するテナントビルの特色を明確化
（A4サイズ1枚に、近隣の官公庁出先機関他を図面化する）
③徒歩5分以内の居住人口を調査して一覧表を作成
④右記の資料を基にテナントの絞込みと営業活動を実施

その他

1．テナントビルの空きは年々増えてきていて、一度空くとその状態が2～3年続くという話もよく耳にする。
2．家賃を値下げするだけでなく、なぜ入居者がいないのかという根本的な原因を調査する必要がある。

契約日　平成17年9月

金額　20万円

内容　テナントの市場調査

詳細　テナントが空いて6カ月以上経過しているが、借主が見つからない

キーワード　貸家

ポイント　空きテナントが多い。どのようなテナントを集めるかがポイントとなる

きっかけ　紹介（税理士）

リンク（応用）　空きテナントは多い。すなわちビジネスチャンスは多い

難易度　高

コンサルの可能性　高

作成書類　コンサル契約書　借地契約書　覚書　合意書　市場調査報告書

概要

コンサルティングを受託するまで

税理士の紹介で、依頼主を訪問した。長年テナントとして入居していた店舗が移転し、6カ月以上空きの状態が続いている。現地を見学したところ、テナント募集の看板がシャッターに貼ってあったが、ほこりをかぶり汚れていた。この状態の看板を見たとき、これでは新たなテナントが決まるのは難しいと感じ

た。

受託から完了まで

初めて訪問したとき、それまでに実施した事例集を渡し、不動産コンサルティングに関して説明。次に訪問したときに、すぐに委託してもらえた。

物件は駅に近い幹線道路沿いの1階だが、現地を調査したとき、歩いている人が少ないように感じた。駅の乗降客を調べると、年々減少していることがわかった。

テナントの対象を医療機関に絞り込み、既存の医療機関を診療科目ごとに地図に記入。診療科目によって医療機関の数や、所在する場所に偏りがあることがわかった。市場調査は、わかっているようで実際にはわかっていないことが、書面により明確になる。それによって対策も具体化できる。

提案書　調査報告書類の作成のポイント

市場調査報告書はボリュームが多いので、全体のまとめとして1枚のレポートを提出した。依頼者には、この1枚だけで十分に内容を理解してもらえたようだった。簡潔にまとめることは難しいが、理解してもらうために必要なことだと改めて認識した。

その他

現状、空きテナントは多く、その対策として広告を打っている業者も少なくない。しかしそれだけでは対策として十分とはいえず、現地や物件を調査し、対策の焦点を絞ることで、確率をより上げることができる。

不動産コンサルティングによって、貸主は、ただ空室が埋まるのを待つだけという状態を解消することができる。現状、何がネックなのか、問題なのかも明確にできる。理解してもらうためのポイントは、市場調査報告書や提案書を簡潔にまとめることである。

事例 6-1

契約日付	平成17年2月
金額	30万円
内容	土地の分割及び有効活用の提案
詳細	事業用定期借地権を活用した有効活用の提案
キーワード	駐車場　他（有効活用）
ポイント	更地の有効活用、投資資金を必要としない方法
きっかけ	本人
リンク（応用）	工場跡地、利用されていない配送センター倉庫
難易度	高
コンサルの可能性	高
作成書類	コンサル契約書　他（市場調査報告書）

概要

コンサルティングを受託するまで

以前に一度、土地の売却をお手伝いした地主からの相談。更地を持っているが活用しておらず、また共有の問題で困っているという。

2年ぐらい前から話は聞いていたが、具体的なコンサルティングにはなかなか発展しなかった。本人から、問題を解決したいので、土地の有効活用に関する調査を行ってほしいという依頼を受けた。

受託から完了まで

現地調査は、住宅地図を貼り合わせるところから取りかかった。区画整理が行われた地域のため、住宅地図と現況はかなり違っていた。車で行くと数分の距離でも、徒歩で動くと結構時間がかかった。

現地は更地が多く、そのため駐車場の数がやたらと多かった。月極の料金は駐車場ごとにばらばらだった。また、現地を歩いて新しい建物の参考になることが見つかれば、その場でメモをした。そのほか地元新聞の記事や、ＨＰを中心に調査を行い、資料としてまとめる際には、問題点を明確にすることに焦点をおいた。

提案書　調査報告書類の作成のポイント

現地や周辺の調査でわかったことを地図に記入し、一目でわかるようにした。新聞記事は日頃読んでいても忘れてしまっていることが多く、系統立ててまとめ喜ばれた。

その他

市場調査の原点は現地を歩いて調査すること。電話や資料だけの調査では、大きなミスを犯す可能性がある。また、歩いていて初めて気がつくことも多い。歩いていて浮かんだアイディアやヒントは後々役に立つ。有効活用のための市場調査の資料は、他のコンサルティングでも応用できることが多い。

平成17年2月10日

企画提案書

○○○○　様

合同会社　不動産コンサル神戸
石田　正敏

○○○○様所有土地の分割及び有効活用の件

目的

遺産分割協議を進めて、基本的に所有を単独所有とする。単独が難しい場合は二分の一の共有となるように交渉し解決する。

手続

調査――交渉に入る前に基本的な調査と、説明資料を揃える

1．法務局の調査
　公図及び登記事項要約書等を入手する
2．都市計画他調査（人口調査、新聞記事）
3．相続税評価額の計算（概算）及び相場の調査
4．月極駐車場と賃貸住宅（新築）の募集状況、入居状況調査

説明資料の作成

1．上記1～4の調査結果のまとめ
2．事例まとめ（遺産分割協議未了及び相続登記未了、また共有持分の問題点と課題点）
3．有効活用の基本
　定期借地権（事業用定期借地権中心）
　①医療機関の誘致（最近患者数が増えていて数が不足していると思われる科目）
　　アレルギー、呼吸器、神経内科、心療内科、泌尿器科、皮膚科、リウマチ等
　②柔道整復、針灸
　③ペット関連、動物病院、ペット美容室、ペットの学校、ペットショップ

貸地の活用

報酬

1．調査及び説明資料の作成　報告時　31.5万円（消費税込み）
2．遺産分割手続完了時　126万円（消費税込み）

終了日付 平成19年6月

金額 120万円

内容 不動産の分割を行う

詳細 相続人同士の権利調整（相続人別の敷地の分割）

キーワード 複数の権利者

ポイント 土地の確定測量、分割方法の調整

きっかけ 既契約者（本人からの依頼）

リンク（応用） 遺産分割及び共有分割

難易度 高

コンサルの可能性 高

作成書類 コンサル契約書

概要

コンサルティングを受託するまで

相続が発生したので、遺産分割協議を行う必要がある。しかし相続人同士は話し合うことができないため、調整をしてほしい。

受託から完了まで

分割を行うために、ほかの相続人と話し合おうとしたが、代理人とは話し合いたくないと断られた。また、土地の測量についても、ほかの相続人の協力が得られずに進まなかった。そのため、依頼者と打ち合わせた上で弁護士に依頼した。

調停が2回終わってから、測量にはようやく協力が得られるようになった。測量はそれから約4カ月かけて終了した。

調停で合意に達しても、書面を締結するまでに話が白紙に戻ってしまうことが何度かあった。

提案書　調査報告書類の作成のポイント

1. 他の相続人と意見調整の上分割方法の決定
2. 隣接地の境界確定（測量）
3. 専門家の紹介と各専門家との連絡調整

その他

最初の相談は、平成16年1月18日だった。なかなか話が進展しないため本当に解決できるのだろうかと何度も不安になった。弁護士に依頼し、調停を通じての話合いとなったが、調停は2カ月に1回という、ゆったりとしたペースだった。途中依頼者自身から、もう解決しなくてもよいという話もあったが、その都度説得した。当初連絡の窓口は依頼者だったが、途中から長男に代わった。メールでの連絡が主になった。都合3年6カ月かかったが、あきらめなければ、いずれ解決できることがわかった。

終了日付　平成21年12月

金額　126万円

内容　不動産の共有分割（共有の不動産を単独にするための働きかけ）

詳細　長年にわたり紛争していた共有物分割

キーワード　土地の分割

ポイント　共有物の分割は時間も経費もかかる

きっかけ　既契約者

リンク（応用）　共有で所有している不動産の分割

難易度　高

コンサルの可能性　高

作成書類　コンサル契約書　借地契約書　覚書　合意書

概要

コンサルティングを受託するまで

共有物の分割について依頼者以外の共有者に対し、平成17年より、手紙と電話による話合いの申入れを行ってきた。しかし、まったく反応がなかった。自宅を直接訪問しても会うことができなかった。1年半いろいろな努力をしたがだめで、最終的に弁護士に依頼して共有物分割の裁判を依頼した。

受託から完了まで

遺産分割の調停は、前に進んでいるのか、止まっているのか、逆に後退しているのかが把握しにくい。その間、依頼者と弁護士との間で調整しながら進めた。時間が経過すると、依頼者が弱気になり、もう裁判をやめようかと言い出すこともある。必ず解決すると説得しながら調停を進めた。ようやく合意に達し、共有物分割の裁判は終了した。

提案書　調査報告書類の作成のポイント

共有物の分割を行うために当社ができることを説明。結果的には打合せ資料や、提案資料はかなりのページ数となった。

その他

相続が発生すると必ず共有の問題が出てくる。問題の解決が遅れれば遅れるほど、関係者は増えていく。そして一番問題となるのは、当事者間の感情の対立である。あせらず、あわてず腰を据えて取り組む必要がある。

契約日付	平成23年３月
金額	40万円
内容	土地の内容の詳細を確認して判明
詳細	遺産分割協議成立後、土地が使用貸借であることが判明
キーワード	権利調整　他（使用貸借）
ポイント	使用貸借の判定は難しい
きっかけ	既契約者
リンク（応用）	遺産分割協議のチェック
難易度	高
コンサルの可能性	中
作成書類	コンサル契約書
概要	

コンサルティングを受託するまで

遺産分割協議につき、３年にわたる家庭裁判所での調停を経て、和解が成立した。和解調書に基づき、所有権移転登記手続きを行った。その中で、建物が第三者名義で、土地の使用料を固定資産税と同程度しか受け取っていないことが判明した。

受託から完了まで

調査の結果、使用貸借に近い形であることがわかった。最大の問題は、使用貸借の場合、相続税評価は更地評価のため、高額となる。一方で土地を売却しようとすれば、1／10の価格にもなりかねない。弁護士にも相談したが、土地の評価が高いため裁判費用も高く、期間も2年程度かかるということだった。依頼者は話合いによる解決を希望しており、時間はかかったが、何とか円満に解決することができた。

提案書 調査報告書類の作成のポイント

土地の使用貸借に関する規定は、借主に有利なように定められているので、交渉は非常に難しい。どのような順番で進めていくのかということに頭を悩ませた。依頼者と打ち合わせる際には文書などによって説明し、承諾を得ながら交渉を進めた。

その他

共有分割を行うとき、1つずつの不動産の内容を精査する必要がある。せっかく共有物分割が完了しても、取得した不動産が使用貸借の状態であっては意味がない。

契約日付	平成21年12月
金額	30万円
内容	売買契約全般のコンサル「事業手法――応用――不動産売買契約」
詳細	不動産業者の選定から、契約決済までの業務
キーワード	販売促進
ポイント	市場価格の把握と不動産の売却
きっかけ	知らない土地の不動産を相続し、売却に困って相談
リンク（応用）	居住地以外の不動産の売却や有効活用
難易度	中
コンサルの可能性	中
作成書類	コンサル契約書　借地契約書　覚書　合意書

概要

コンサルティングを受託するまで

依頼者は40年以上の付き合いのある友人で、不動産の売買の仲介だけでなく、様々な相談を受けていた。

そのつながりで今回の依頼（相続した不動産の売却）を受けた。

受託から完了まで（当社は仲介業務には入らない）

最初に、レインズや住宅情報などから相場を把握。その後不動産業者を選定し、依頼者から了解をもらった。査定価格についても了解を得た上で、不動産業者に買主を探してもらった。価格は依頼者が満足するものであった。その後契約決済までの書類の確認や引渡しに立ち会い、無事に取引を終えることができた。

提案書　調査報告書類の作成のポイント

不動産業者の選定から、契約の手続きと契約決済後の引渡しまでを、すべて当社が対応することとなった。

その他

地主が地方に所有している不動産は、現地の相場がわかりにくく、また不動産業者を選ぶときにも、判断基準に乏しいため、どの業者に依頼するかも難しい。売主に代わって相場の把握や、不動産業者の選定などの業務が増えることが予想される。

契約日付 平成21年12月

金額 20万円

内容 不動産売却のための調査と不動産業者の選定

詳細 「エリアマーケティング――不動産マーケティング――市場調査」
地方都市の市場調査と相場の把握と不動産業者の選定

キーワード 市場調査と販売促進

ポイント 地方都市の実情の把握

きっかけ 紹介（建築会社）

リンク（応用） 地方都市に所有の不動産の売却と市場調査は増える

難易度 中

コンサルの可能性 中

作成書類 コンサル契約書　借地契約書　覚書　合意書

概要

コンサルティングを受託するまで

ある方が、地方に相続した土地付住宅を所有していた。売却したいが相場がわからず、また知っている不動産業者もないので、調査と不動産業者も選んでほしいという依頼を受けた。地方都市なので売却に時間がかかる可能性があることを説明し、了解していただいた。

受託から完了まで

依頼者に、不動産コンサルティングの費用が必要だということを説明し、その数日後に了解していただいた。

現地へ行き、官公庁と現地周辺の調査を行った。高速バスで市内まで行き、そこから私鉄に乗り換えた。本数も少なく、最寄り駅は無人駅であった。現地を確認した上で不動産業者の選定に入った。知人から不動産業者を推薦してもらっていた。訪問して話を聞いたところ、現地の地理や相場にも詳しかったので、紹介を受けた不動産業者に依頼することとし、依頼者にも了解してもらった。

提案書　調査報告書類の作成のポイント

所有者自身が現地のことを知らない。そのために一からの調査になることを前提に、調査方法を提案した。

その他

不動産を売却したいが、どうしたらいいのか悩んでいる所有者は多いと考えられる。地元の不動産業者とタイアップすることで、そうした悩みを抱えた人の相談に応じることができる。

契約日付	平成22年12月
金額	30万円
内容	古い建物の有効活用
詳細	再建築不可で、築50年の一戸建て住宅の販売
キーワード	権利調整　他（一戸建て住宅）
ポイント	条件的には厳しい不動産の長所を買主に伝える
きっかけ	紹介（既契約者）
リンク（応用）	長期に売れ残っている不動産の販売
難易度	高
コンサルの可能性	高
作成書類	コンサル契約書

概要

コンサルティングを受託するまで

ある方から賃貸住宅の借主を探してほしいという依頼があり、1カ月で成約した。その後、その方が以前住んでいた戸建て住宅の売却を地元の不動産業者に依頼しているが、1年半以上売れていない。販売に協力してほしいという依頼を受けた。

受託から完了まで

調査によって、所有者も知らない事実が判明した。敷地が建築基準法上の道路に接していないため、再建築ができないのだ。建物は築50年以上経過している。不動産コンサルタントとして走り回ったが、なかなか買主は見つからなかった。

最終的には、以前中古マンションを購入してもらった人を数回訪問し、ようやく話をまとめることができた。

提案書　調査報告書類の作成のポイント

再建築不可ということをわかりすく説明する。また、再建築不可の場合、住宅ローンの融資が受けられず、建物の維持にも費用がかかること、今回の一戸建て住宅は売却が困難であること、早期に売却しないと価格が下がっていくことなどを文書で説明し、了解してもらった。

その他

再建築不可の土地や、築年数が古い住宅はたくさんある。日常業務の繰り返しの販売をしていると、1年や2年はすぐに経ってしまう。不動産コンサルティングの立場から、不動産の特徴だけでなく、プラスとマイナスの両方を明確にすることで、物件の良さが浮かびあがってくる。条件の悪い不動産も、見方や切り口を変えることで、活性化させることができる。

平成22年12月18日

○○○○　様

合同会社　不動産コンサル神戸

石田　正敏

企画提案書

1．今までの経過

地元の不動産業者に売却を依頼したが、すでに1年半も経過しているのに動きがない。

価格も当初の売出し価格の半値に近い250万円に値下げしたが、それでも動きがないので、当社に対応の相談があった。

2．調査してわかったこと

①市役所で、調査したが、建物に接している敷地が建築基準法上の道路でないことが判明した。→再建築不可（建替えができない。）

②建替えができない。建物は昭和35年建築のため、50年近く経過している。木造住宅としては、本来であれば、建替えの時期は既に過ぎているが、建替えができないので、このままの状態を維持するしかない。

③50年近く経過しているので、建物の維持修繕の費用はこれから増えていく。

④仮に建築できたとしても、土地面積○○㎡から、前面道路の中心から2m後退した敷地×0.6となり、現在の建物より、大幅に小さくなる。

3．今後の進め方

①現地は、最寄り駅まで徒歩圏であるが、坂道と階段が難点。特に現地近くの階段が狭く急勾配が気になる。

②購入者に建替えできないことや、建物についての瑕疵や設備については一切補修しないことを伝える必要がある。また、住宅ローンは原則使えないので、現金での購入になる。

③住宅の活用方法としては、自宅としての活用と、第三者への賃貸の2つの方法があるが、いずれにしても改装は必要。

④一番気になるのは、雨漏り、水もれの対策。屋根は今わからないが、ベランダの防水工事は必要だと考えられる。

⑤設備面で確認が必要な部分は、給湯器や流し台。改装の業者に確認してもらわないとわからないが、費用はかかると思う。
⑥一般的な不動産と違い、売却が困難な不動産と考えられる。
⑦時間が経てば経つほど、売却が難しくなるので、早期の売却が望ましい。
⑧売却価格は250万円で始める。
⑨場合によっては、隣接地の境界の明示が必要になる場合がある。
(測量費用必要)

物件の表示

土地　○○市　○○区　○○丁目　○○m²
　　　　　　　同上　　　　　　　○○m²
建物　○○市　○○区　○○丁目　○○番地の○○　家屋番号○○
居宅　○○造　○○階建　1階○○m²　2階○○m²

コンサルティング報酬

30万円（売買契約成立時）

契約日付	平成24年10月
金額	30万円
内容	活用の難しい不動産の再生
詳細	再建築不可の一戸建ての活用
キーワード	再建築不可の一戸建ての活用
ポイント	再建築不可であっても、建物活用ができる
きっかけ	既契約者
リンク（応用）	古い建物や建替えが困難な建物の活性化
難易度	高
コンサルの可能性	高
作成書類	コンサル契約書

概要

コンサルティングを受託するまで

以前に売買の仲介をさせてもらった相手を訪問した際に、相談を受けた。住宅を貸家にしていたが、震災で半壊になりその後ずっと空き家になっているので、活用方法を提案してほしいという。

受託から完了まで

調査してみると、建物に接している道路は、建築基準法上の道路でないため再建築できない土地だった。さらに、建物へとつながる道路の途中に階段がある。建物はかなり修理する必要があるが、一度解体してしまうと、新たに利用できる土地ではない。解体費用だけでも１００万円以上かかるものと思われる。今の建物のまま活用してくれる人を探すことを提案した。

提案書　調査報告書類の作成のポイント

今後の進め方について、建物や設備については、瑕疵担保責任を負わないことを条件に売却する方法を提案した。解体すると解体費用がかかり、しかも今後何の利用もできない不動産になるためである。

その他

再建築できない土地は、たくさんある。建替えでなく現存する建物をどのようにして活用するのかが、不動産コンサルタントの仕事となる。

契約日付	平成15年12月
金額	30万円
内容	底地と借地の同時売却の同意の取りつけ
詳細	不動産業者が借地権を競売で落札。その数年前に当社の仲介で底地を他の不動産業者に売却。地主側の業者と借地権者側の業者と同時売却の調整を行った
キーワード	底地（貸地）　借地　他（権利調整）
ポイント	双方の主張の調整
きっかけ	既契約者（不動産業者）
リンク（応用）	競売で借地権落札業者への働きかけ
難易度	中
コンサルの可能性	低
作成書類	コンサル契約書　覚書　合意書

概要

コンサルティングを受託するまで

数年前、賃料が滞納されている底地をある不動産業者に買ってもらった。借地人が住んでいたが賃料の滞納は解消されないまま数年が経過、借地権付建物が競売になった。底地の所有者も競売に参加したが、別の不動産業者が借地権付建物を落札した。当社はその落札した不動産業者のことも知っていたため、双方の不動産業者に話をすると、双方の不動産業者から依頼があった。

受託から完了まで

借地権付建物を売却することは可能だが、売却に時間がかかる可能性があり、価格も下がることが見込まれる。底地の所有者と当社とは取引があり、借地権者も当社が知っているため、両者と調整を行うことができる。調整した上で、同時売却することが、双方にとって一番良い方法となる。同時売却の場合、借地権者が底地所有者に支払う名義変更料も不要となる。

提案書　調査報告書類の作成のポイント

地主と交渉の上、底地、借地の同時売却を行う。同時売却の場合、借地権者は地主に名義変更料を支払わない。

その他

底地単独または借地単独での売却は、同時売却した場合と比較して、合計しても5割～7割くらいの価格にしかならない。同時売却することにより、地主・借主とも単独で売却するより売却が容易で、手取りも増える。

契約日付	平成17年9月
金額	30万円
内容	借地権付建物を売却するための条件整備
詳細	地主は9名、古い抵当権の抹消、借地人の相続手続き
キーワード	借地　他（複数の権利者）
ポイント	承諾取りに時間がかかった。抵当権の抹消が難しかった
きっかけ	紹介（地主）
リンク（応用）	借地権付建物の売却の相談
難易度	高
コンサルの可能性	高
作成書類	コンサル契約書

概要

コンサルティングを受託するまで

ある地主より相談を受けた。土地を借地していた人が亡くなり、その子どもから借地権付住宅を売却したいと相談を受けたのだという。借地人の子どもは別のところに住んでいて、その家を利用する予定はない。また、相続登記はまだ行っていないとのことだった。

受託から完了まで

建物の登記事項証明書を見ると、戦前に個人2名から抵当権が付けられていた。現在の借地人の前の所有者が設定したものであるが、そのまま購入したようだ。司法書士に確認したところ、抹消の手続きは結構複雑なものになるだろうとのこと。

さらに遺産分割協議による相続登記も必要だったが、地主は9人の共有ということもあり、これも手間がかかることが見込まれた。そこで不動産コンサルティングを提案し、了承を得た。

相続登記はそれほど難しくなかったが、抵当権の抹消登記は、司法書士がかなり苦労したようである。また建物の接している道路は建築基準法上の道路ではないので、再建築不可であることもわかった。

提案書　調査報告書類の作成のポイント

売主（借地人）へは、借地権付建物の状況を報告した。連棟で築古年。さらに再建築不可という条件だったので、価格を下げてもなかなか売却できなかった。地主側の共有者が多く、名義変更料の金額がなかなか決まらなかった。相続登記及び抵当権抹消登記は、順番に行った。

その他

借地権付建物を売却したいという相談を受けることは多い。しかし、そのまま売却できるような物件は少ない。簡単なものであれば単純に売却の依頼を受けてもよいが、時間がかかったり、手間がかかったりすると思われるものについては、不動産コンサルティングを提案したほうがよい。

契約日付　平成18年3月

金額　20万円

内容　共有通路、配管使用の継承の覚書締結

詳細　位置指定道路と敷地の一部を共有で使用しているため取決めの覚書締結

キーワード　収益マンションの敷地　他（共有関係の継承）

ポイント　覚書の内容を訂正するのに8回変更があった

きっかけ　紹介（税理士）

難易度　高

コンサルの可能性　高

作成書類　コンサル契約書　覚書

概要

コンサルティングを受託するまで

収益マンションの売却を考えている方から、相談を受けた。所有者の異なる2つの敷地に、それぞれ1棟ずつ収益マンションが建っている。ただし公道に出る道路は、共有の通路が1本しかない。売却を考えているのはそのうちの1棟だが、道路を共有しているため、第三者に所有権が移転することで紛争が生じる可能性がある。トラブルを防止するための覚書を作成してほしいとのことだった。

受託から完了まで

2棟の収益マンションは、通路だけではなく、水道、下水、ガスも共有だった。また、水道の受水槽のタンクも1つを共同で使用していた。そのために道路の車両通行及び水道、下水、ガス、受水槽の共有について、収益マンションを第三者に譲渡した後も継承すること。また、どちらかが建物の改装や建替えのため、道路の掘削や配管工事を行う場合に関する取決めを、覚書にして締結した。覚書の案は、当初の案から8回訂正してようやく完成した。

その他

共有している土地や、道路などに関するトラブルの事例は多い。特に道路は、現在の所有者が使用している間は問題がなくても、所有者が第三者に変更すると問題が一度に表面化する。問題が起きてから対応すると、解決に時間がかかる。売買ではなく、有効活用を考える際にも共有道路は注意を要する。不動産コンサルティングによって、問題の発生を未然に防ぐ必要がある。

契約日付	平成22年12月
金額	20万円
内容	売却当事者の変更と対応
詳細	任意売却物件が、管財物件になってからの売却
キーワード	管財案件
ポイント	管財人
きっかけ	紹介（不動産業者）
リンク（応用）	管財案件は今後増えてくる
難易度	中
コンサルの可能性	高
作成書類	コンサル契約書

概要

コンサルティングを受託するまで

1年半前に任意売却の依頼を受けた。現地を調査し、販売活動に入ろうとしたところで、待つように言われた。売主自身も自己破産の手続きに入っていたが、思うように手続きが進まず、その間、販売活動は待ってほしいとのことだった。

受託から完了まで

依頼の翌年には、売主の自己破産が完了し、管財人が選任された。改めて管財物件として売却の依頼があり、不動産コンサルティングとして取り組んだ。隣地の所有者に売却の話をし、了承を得て成約することができた。

提案書 調査報告書類の作成のポイント

任意売却のときにも、敷地に接している道路の所有者である隣地の地主と数回会っていた。敷地に接している道路は建築基準法上の道路でなく、現状は再建築不可。道路の持分はなく、いずれにしても道路の所有者の協力を得る必要があった。

土地の間口は3・8mしかなく、再建築してもまともな家が建たない。隣地の所有者しか、買主が見つからなかった。

その他

管財物件の手続きの確認と進め方を覚える必要を感じた。管財物件は、話には聞いていても実際に取り扱う機会はあまりないのが実情。

■著者プロフィール

石田　正敏（いしだ　まさとし）

1948年神戸市生まれ。
デベロッパー、不動産仲介業者などに勤務した後、2008年に独立。現在、不動産コンサルティング業を中心に、不動産仲介業、著述業などを行っている。

資格：公認 不動産コンサルティングマスター、相続対策専門士、宅地建物取引主任者

著書：『不動産権利調整マニュアル』（にじゅういち出版）、『物納・延納による相続対策Q＆A』（共著、清文社）　ほか

不動産コンサルで稼ぐ！
——中小業者のためのかんたんノウハウ＆事例集——

平成25年９月10日　初版発行

著　者　石田正敏
発行者　中野孝仁
発行所　㈱住宅新報社

出版·企画グループ　〒105-0001 東京都港区虎ノ門３-11-15（SVAX TT ビル）
（本　社）　電話（03）6403-7806

販売促進グループ　〒105-0001 東京都港区虎ノ門３-11-15（SVAX TT ビル）
電話（03）6403-7805

大阪支社　〒541-0046 大阪市中央区平野町1-8-13（平野町八千代ビル）電話（06）6202-8541㈹

印刷・製本／亜細亜印刷㈱　Printed in Japan

落丁本・乱丁本はお取り替えいたします。

ISBN978-４-7892-3631-７　C2030